Éloge voluptueux du chat

DU MÊME AUTEUR

Moutarde douce, Robert Laffont, 2001 ; Pocket, 2004
Le néant de Léon, Stock, 2003
L'apocalypse selon Embrun, Stock, 2004
Les infernales, Stock, 2005
Je ne connais pas ma force, Fayard, 2007
Combat de l'amour et de la faim, Fayard, 2009
La distribution des lumières, Flammarion, 2010
Les éphémérides, Rivages, 2012
Sang d'encre, Éditions des Busclats, 2013
Éloge du chat, Léo Scheer, 2014 ; Rivages Poche, 2016
Un roman anglais, Rivages, 2015 ; Rivages Poche, 2017
L'animal et son biographe, Rivages, 2017

Stéphanie Hochet

Éloge voluptueux du chat

Philippe Rey

Collection *Éloge* dirigée par Michel Goujon

7, rue Rougemont – 75009 Paris

www.philippe-rey.fr

« Tous les chats sont mortels, Socrate est mortel, donc Socrate est un chat. »

Eugène Ionesco,
Rhinocéros

« Je pense que nous sommes tous des chats à neuf vies, ou même davantage. Nous devons nous réjouir de notre félinité insaisissable. »

Joyce Carol Oates,
Paysage perdu

Préface

Tout est dit sur les chats et l'on vient trop tard, depuis plus de sept mille ans qu'il y a des hommes et qu'ils écrivent. Comment ajouter une phrase à cette interminable litanie à la gloire du chat ? Les plus présomptueux seraient intimidés mais Stéphanie Hochet s'en fiche. Elle aime les chats, leur volupté est la sienne, et elle a envie de le dire même si Baudelaire et Néfertiti, La Fontaine et les poètes japonais, les chanteurs perses, Patricia Highsmith, Émile Zola et Frédéric Vitoux ont déjà fait leur « tour de chat ». Mais, comment faire le tour de l'infini ? Rainer Maria Rilke l'avoue avec un peu d'angoisse : « Qui connaît le chat ? »

Dans la bibliothèque de Babel, il occupe des milliers de rayons qui racontent ses exploits, ses malices et qui se pâment devant sa beauté. Tous l'admirent, et tous sont fascinés, même ceux qui le détestent. C'est le cas du Moyen Âge qui range l'animal somptueux dans le département des maléfiques, en compagnie du crapaud, du serpent et de la sorcière, fine équipe. Le pape Grégoire IX, en 1233, le met dans une bulle et en conclut que c'est un diable. Deux siècles plus tard, un autre pape, Innocent VIII, confirme. Le chat traverse une longue saison en enfer. Dans les villages on le met à la broche mais on se garde de manger sa chair qui est impure. On le jette du haut des clochers. On le brûle dans les feux de la Saint-Jean et on rigole. Pourtant, on ne le méprise pas. On le redoute. C'est le diable.

Ces tueries de chats intriguent. Comment ce compagnon délicat a-t-il pu soulever pareilles haines et subir ces longs supplices ? Stéphanie Hochet ne répond pas à cette question, mais le portrait subtil qu'elle fait du chat fournit quelques clés. Si elle s'extasie sur les séductions de *catus*, elle ne dissimule pas ses travers ou plutôt ses étrangetés. Elle reconnaît que le chat n'emprunte pas les routes balisées par les hommes, mais elle s'en félicite. Elle ne pratique pas l'anthropomorphisme. Ou plutôt, s'il y a de l'anthropomorphisme chez elle, celui-ci fonctionne à l'envers. Ce n'est pas le chat de Stéphanie qui devient un humain. C'est Stéphanie qui devient un chat.

J'imagine que la vindicte des vieux papes s'explique par le silence indulgent ou dédaigneux que le chat oppose à la curiosité des hommes. C'est cela, la « faute originelle » que *catus* expie sur les bûchers du Moyen Âge. Les hommes sont dépités de ne comprendre rien à cette bête si familière. Ils ont remarqué que si, par hasard, ils arrivent à forcer ses secrets, alors le chat s'efface. Il disparaît. Il est toujours là mais il n'est plus là. C'est un évadé perpétuel, même quand il est auprès de nous, sur un divan, et qu'il ronronne. Il est ailleurs à perpétuité.

Notre culture, nos préjugés ou nos tabous, tout cela ne l'intéresse guère. Il se moque des règlements, de la morale et même des mamours de ses admirateurs. Le chat est un individu sans règle. Il méprise nos lois, la décence, la gratitude et les encycliques. Le principe de non-contradiction l'énerve. Il préfère celui d'ubiquité. On ne sait jamais où il se trouve. Est-il près de nous, dans la cuisine, ou bien arpente-t-il les propriétés du diable Vauvert tout en se prêtant frénétiquement à nos caresses ? Les vertus des hommes, il ne sait même pas ce que cela veut dire. Va-t-on en conclure que le chat est méchant ? Sûrement pas. Mais alors, serait-il gentil ? Vous n'y êtes point. Il n'est pas gentil. Il n'est pas méchant. Alors, il est quoi ? Langue au chat.

De Sa Majesté le chat, Stéphanie est une inconditionnelle. Il suffit que ce minuscule personnage se laisse admirer, qu'il fasse des farces à ceux qui l'hébergent, qu'il chaparde ce qui est à sa portée, ou qu'il se promène avec ses allures de roi fainéant, et Stéphanie défaille. Tout est bon dans le chat, même le mauvais. Non seulement Stéphanie accepte ses vilenies, mais encore, elle les retourne et elle en fait des espèces de vertus.

Exemple : il faut reconnaître que le chat, cet individu distingué comme une « Belle Époque », a un inconvénient. C'est un goinfre. Il se bourre de nourritures terrestres, après quoi il pionce un bon coup. Son estomac est un abîme. À force de le remplir et de ne pas fréquenter les salles de gymnastique, le chat engraisse, devient un bonhomme de chat, un ventre. Et alors ? Non seulement Stéphanie accepte ces dommages collatéraux, mais encore elle les aime. Elle trouve épatant que les chats se bardent de graisse. Il en va ainsi de tous les reproches que les hommes adressent au chat. Stéphanie les transforme en louanges. Est-elle de bonne foi ? À ses yeux, c'est le chat qui a toujours raison. S'il a envie de se remplir la panse, qu'il ne se prive pas de le faire. Du reste, il est très joli quand il a un ventre rond. Stéphanie aime bien ça. Et si, en plus, ce gros père a une langue de vipère, nourrie par un scepticisme philosophique sans limite, par exemple le chat Garfield, alors, cocagne !

Les chats de Stéphanie sont volontiers des bouffeurs. Émile Zola parle d'un chat « gras à s'en écœurer ». Boulgakov (1891-1940), dans son chef-d'œuvre *Le Maître et Marguerite* (Robert Laffont, 1968), nous fait connaître un chat énorme. Ce chat est « Satan en personne », un charme de plus. Et que dire du chat de Geluk qui se promène en slip blanc sans crainte de montrer son ventre gras et rebondi, et qui préfère les grosses dames exquises du Colombien Botero aux demoiselles dévastées de Giacometti ? Comment lui donner tort ? Dans la galerie des bedonnants, voici le « saint homme de chat bien fourré gros et gras » qui se balade dans les fables de La Fontaine. Et comment oublier la chatte de Colette dans les *Dialogues de bêtes*, qui avoue, enchantée : « Dès qu'on parle de manger, j'ai faim. C'est nerveux. »

À certains moments, et pour des raisons non révélées, le chat entre en transe. Il devient horrible. Il est ivre de colère. Il fait un bruit de tempête tropicale. Ses yeux sont des flammes et il dégaine toutes sortes de griffes. La petite bête pacifique est remplacée par un monstre préhistorique. Vous croyez que Stéphanie va faire la moue ? Pas du tout. Elle confirme qu'en effet, au Moyen Âge, le diable avait l'allure d'un chat, si possible gras, précise-t-elle avec gourmandise, à croire qu'un monde sans Satan, Stéphanie craindrait de s'ennuyer dans ses monotonies.

Le chat est un nocturne. Dans la journée, il dort chez nous. Il est content. Il ronronne à pleine gorge. On lui donnerait le Bon Dieu sans confession et puis les coussins, c'est tellement agréable, surtout quand une main, si possible de femme, vous gratte le dos ou même le crâne. Et pourtant, c'est la nuit qu'il préfère. Vous imaginez qu'il profite de l'extinction des feux pour dormir encore un peu ? Pas du tout. Il disparaît, comme disparaît le chat du Cheshire, et il ne laisse même pas après lui ce sourire qui plaisait tant à Lewis Carroll. Où est-il passé ? Et comment l'accompagner dans ses solitudes ? Il habite sa nuit, son inconnaissable nuit. Qu'il se faufile dans les gouttières, sur les toits ou qu'il fasse semblant de rester auprès de nous, il nous a faussé compagnie. Il a « fait le mur ». De quel corridor, oui, de quel corridor pousse-t-il la porte lorsque les hommes s'endorment ? Où est-il passé ? Dans le néant peut-être. En tout cas, dans des provinces où ne sonnent point nos heures.

Allez influencer un individu pareil. Il échappe à toute prise. Il ne respecte aucun ordre, aucun prince, ni Dieu ni diable, aucune règle. Il ne cède qu'à ses désirs, à son confort, à ses malices. Personne ne l'intimide. Pas même les dieux. « Ce que le chat veut, Dieu le veut. » Le chat est ingérable. Le chat, dit joliment Stéphanie, avec me semble-t-il un peu d'envie, est une « zone de non-droit ».

On aura compris qu'un être pareil, si rétif aux règlements des hommes, a quelques idées sur les arts du gouvernement. Ce livre, s'il est sensuel et si la volupté l'illumine, est aussi un livre politique. Dans ce champ, la ductilité, le scepticisme et l'égoïsme du chat font merveille. Il change de parti politique en fonction du siècle dans lequel il est tombé. À la Renaissance, il préfère les régimes autoritaires. Les grands princes de l'Italie le fascinent avec leurs beaux habits brodés d'or. Même la cruauté qui accompagne les Sforza, les Médicis ou les Borgia, le chat y trouve de quoi ronronner. L'époque romantique n'est pas mal non plus car le politique passe au deuxième rang, après les intermittences du cœur et les délires des sens. Le chat envoie ses convictions politiques par-dessus les moulins. Il préfère fréquenter les passions aristocratiques du romantisme, l'amour, la mort et la volupté. Au siècle suivant, il change de nouveau son fusil d'épaule. Il se sent proche des anarchistes et des libertaires. Ne comptons pas sur Stéphanie pour le contredire, qui pourtant ajouterait volontiers aux ivresses de Bakounine les indulgences dodues du Bouddha.

Il ne retient que son plaisir. Dans cet exercice, il est sans rival. Les frissons que les doigts d'un humain lui procurent en lui caressant le crâne, sa manière de se frotter à votre jambe surtout si vous portez des bas de soie qui font un si joli bruit, voilà les moments où il vous avoue sa gratitude, peut-être même son amour fou, par le moyen de ses ronronnements.

C'est un athlète de la volupté. Il place celle-ci au cœur de sa philosophie. « Aimez votre volupté comme vous-même. » La luxure est un si joli mot, presque aussi beau que le mot jouissance. Ou que le mot vice. Est-ce pour cette raison-là que le chat somptueux de Stéphanie évoque une figure féminine ? « Jouir » est un des plus beaux mots du vocabulaire félin, étant clair que ses façons de jouir sont nombreuses, et de préférence féminines. « Je suis une femme en esprit », dit le plus grand poète du chat, Charles Baudelaire, dans le poème intitulé « Le chat ». Ne suffit-il pas de regarder le corps souple, puissant, acrobatique de *catus* pour être victime de rêveries érotiques ? Ses courbes douces et toujours renouvelées appellent la caresse, l'exigent. « Le chat nous fait du gringue », dit Stéphanie. Une de ses dilections est d'entreprendre une séance de plaisir pour tout laisser en plan, brusquement, sans raison, et de faire quatre pas dans on ne sait quels nuages, peut-être pour attiser les désirs ? Faire l'amour devant un chat est paraît-il un moment délicieux car Sa Majesté ne dissimule pas son ennui, son mépris même. Est-ce que l'acte d'amour le choque ? Pas du tout. « Votre amateurisme l'incommode. » Il est vrai que le clavier érotique de la chatte, de la femme, est vaste, comme le rappelle la belle pièce de Tennessee Williams, *La Chatte sur un toit brûlant*.

Brigitte Bardot, l'actrice française la plus sexy, fut très vite associée au chat. « Il y a quelque chose d'inévitablement félin en elle. Son hyperféminité en fait une créature de désir, une créature qui échappe au bon plaisir de ses fans concupiscents. Tel le chat qui émoustille et se dérobe. »

Brigitte Bardot connut et aima une autre adoratrice des chats, Colette, ce qui permet aujourd'hui à une troisième amoureuse du chat, Stéphanie, de nous proposer cette jolie moralité : « Colette a également laissé en héritage à la "reine Bardot" le statut sulfureux – mais combien enviable – de la Scandaleuse : l'une dansait nue sur les scènes de music-hall, l'autre enfiévrera la planète avec un mambo lascif simulant l'orgasme… »

Revenons à ce bel éloge de la volupté. Pour quelle raison le chat, quand il décida de passer à l'aveu, a-t-il choisi la forme du dictionnaire ? On reconnaît là l'érudit et l'ami des livres. À force de frotter sa fourrure aux reliures pleine peau et d'émouvoir ses reins en se frottant aux in-octavo, il a compris que la forme du dictionnaire convenait à son curieux génie, fait d'esquives et de malices, de soudains silences, d'illusions, de luxure, d'absences et d'énigmes. En nous offrant ce dictionnaire de lui-même, il se donne deux promesses de plaisir : d'abord, quand il proclame ses bontés et ses vilenies, et ensuite, quand les signes qu'il a tracés sur la blancheur des feuilles tombent sous les yeux de son « hypocrite lecteur, son semblable, sa sœur ».

Gilles Lapouge

Introduction

C'est la deuxième fois que j'écris un livre sur le chat. Il semblerait que ce sujet m'inspire inépuisablement. Pourquoi ? Peut-être parce que parler du chat revient un peu à parler de moi.

Si j'ai une affinité avec le chat, c'est d'avoir choisi une marginalité modérée. Par rapport à ce monde je suis à la fois intégrée et libre.

Dans la fable de La Fontaine « Le loup et le chien », les deux animaux éponymes discutent des avantages et désavantages de leur situation respective : la liberté misérable ou la prison confortable. Le chat, lui, opte pour la liberté et le confort. Le mou et l'argent du mou. Et il obtient ce statut hybride, seul de son espèce.

Je me reconnais dans ce paradoxe. J'aime ne pas assister aux dîners de famille et recevoir quand même ma part de gâteau. Je ne supporterais pas les contraintes d'une profession classique mais je détesterais ne pas avoir de métier. J'aurais horreur d'appartenir, je n'ai rien contre l'appartenance.

Quand j'étais bébé, un chat a partagé mon berceau pendant des mois. Nous dormions ensemble, il veillait sur mon sommeil. Il paraît que je ne parvenais pas à faire la sieste sans mon compagnon félin. Je me rappelle ce chat comme on se souvient d'une figure tutélaire primitive et je veux croire que cette mythologie m'a fondée. Ce chat m'avait adoptée comme son enfant. Certains ont la reconnaissance du ventre, moi, j'ai la gratitude du sommeil.

Le greffier m'a également éduquée, par la force des choses. Il m'a appris l'indépendance à un âge saugrenu : quand j'avais trois ans, j'ai fait ma première fugue, au motif que je voulais aller vivre ma vie.

Enfant, j'avais tout d'un chat. J'ai failli redoubler mon CP parce que je préférais rester allongée au soleil pendant des heures plutôt que d'étudier les leçons. Mes parents stigmatisaient ce qu'ils appelaient mon ingratitude : à l'exemple du chat, j'ai toujours pensé que les offrandes d'autrui ne me rendaient redevable d'aucune forme de rétribution et qu'un cadeau donné dans cet esprit ne méritait pas ma reconnaissance.

On l'a compris, je n'ai guère changé depuis mes années de chatonne. Comme le chat, je n'ai jamais éprouvé le besoin de me justifier. Si on me comprend, c'est bien. Si on ne me comprend pas, cela ne me dérange pas, ce n'est pas mon problème. Quand une situation me déplaît, je m'en vais. Ce n'est pas une fuite, mon départ a valeur d'explication.

On dit que j'ai mauvais caractère. C'est faux. Les chats ont l'agacement facile, je suis des leurs, voilà tout. Caressez-moi dans le sens du poil et nous resterons bons amis.

J'avais dix-sept ans, ma mère procédait à son rituel ménage de printemps, elle venait d'entasser tous les coussins du salon ; elle partit quelques instants, revint avec l'aspirateur et eut la surprise de me retrouver couchée sur le tas de coussins. « C'est incroyable, s'exclama-t-elle, tu n'as pas douté une seconde que cette pile de coussins t'était destinée ! » Est-ce ma faute si chez moi l'instinct du confort est surdéveloppé ?

Je connais beaucoup de gens qui rêvent de se réincarner en chat. Pour ma part, je n'ai pas vu l'intérêt d'attendre une prochaine vie.

J'ai tant observé les chats que j'ai contracté leur manière d'observer : il n'y a pas plus discriminant que le regard félin. On dit qu'il voit tout. C'est vrai, mais il ne regarde que ce qui l'intéresse, se donnant le droit d'ignorer ce qu'il méprise. En écrivant ce dictionnaire, je procéderai comme lui : je ne développerai que ce qui me parlera suprêmement. C'est pourquoi je ne prétends pas à l'exhaustivité. Ceci n'est pas l'Encyclopédie du chat mais son Éloge voluptueux : à la manière de mon sujet, j'écrirai en n'obéissant qu'à mon bon plaisir.

A

Ailourophobie

Certaines personnes sont atteintes d'une peur irraisonnée des chats. Comme toute phobie, son origine se trouve dans l'inconscient et c'est un mécanisme de défense.

Le terme vient du grec ancien : αΐλουρος (*aílouros*), « chat » et φόβος (*phóbos*), « peur ».

Les pauvres hères qui souffrent de ce symptôme ne peuvent pas entendre un ronronnement sans se sentir mal, d'autres paniquent à la vue d'un chat, y compris à la télé, d'autres encore ne peuvent voir un poil de minet, une litière ou des croquettes pour matou sans se sentir mal. Certains peuvent presque s'évanouir à l'idée d'un félin croisé dans le noir…

Ces personnes peuvent être en état d'hypovigilance et développer des « allergies » – alors qu'elles n'ont pas été diagnostiquées allergiques. Cette phobie peut toucher des hommes, des femmes et même des enfants. Il semblerait qu'elle soit héréditaire. D'après Freud, la phobie est rattachée à la névrose obsessionnelle ou à l'hystérie d'angoisse. Seule une thérapie psychanalytique pourra soulager l'ailourophobe.

Il semblerait que cette névrose soit une réponse à l'angoisse surgie devant le petit animal libertaire qu'on ne saurait contrôler.

On ne peut s'empêcher de penser à la nouvelle « Le Chat noir » d'Edgar Allan Poe, qui raconte la véritable obsession haineuse d'un homme pour le chat de sa femme. La peur a évolué en violence.

On pense aussi à la phobie collective des chats rencontrée à la fin du Moyen Âge et encouragée par certaines bulles papales (*voir l'entrée « Noir »*). Le chat était devenu une obsession bien étrange pour ces successeurs de saint Pierre.

Parmi les célébrités souffrant d'ailourophobie, on peut citer Gengis Khan, Jules César ou Mussolini... Contre l'un d'entre eux, Jules César, les chats ont pris leur revanche en s'installant par centaines sur le lieu de son assassinat, à Rome, le site de Largo di Torre Argentina (*voir cette entrée*).

Amour courtois

En compulsant le bestiaire de l'excellent livre de Claude Lachet, *L'Amour courtois, une anthologie* (Flammarion, 2017), je vois que l'espèce la mieux représentée est l'oiseau. Viennent après la licorne, le cheval et le chien, enfin le lion, le dragon, le serpent, etc. Finalement toutes les espèces y passent. Sauf une.

Vous l'aurez deviné : il s'agit du chat. J'éprouve une sorte de joie de savante à découvrir qu'il n'y a pas d'intersection entre l'univers de l'amour courtois et celui de *catus*.

Que l'on ne s'y trompe pas. J'aime beaucoup l'amour courtois. Mais comment pourrait-il y avoir le moindre rapport entre les valeurs qu'il prône – le dévouement, la loyauté, la générosité, le sens du sacrifice, l'abnégation éthérée, la suprême délicatesse en gage d'asservissement consenti à la

Dame de ses pensées – et celles de notre égoïste préféré qui ne s'est jamais totalement détourné de sa pulsion sauvage, de son goût pour l'indépendance farouche ? Vouloir civiliser les chats est une aberration philosophique. Le chat est cette partie de nous qui refuse le joug de l'obligeance.

Angleterre

L'Angleterre comme le reste des pays européens a fait subir aux animaux des traitements cruels durant des siècles. Les bêtes de somme ont connu la rigueur des comportements de leurs propriétaires, comme un peu partout ailleurs. Néanmoins, au XVIIIe siècle, nombre d'animaux deviennent des animaux de compagnie, les *pets*. Ces animaux étaient là pour le plaisir de leurs propriétaires. Les plus riches collectionnèrent des chevaux, des chiens de chasse, des perroquets, des écureuils dans des cages, des poissons rouges, etc. Lord North qui fut Premier ministre de 1770 à 1782 posséda même un tigre, mais il est peu probable qu'il le caressa comme un chat. La bourgeoisie s'enticha des chiens et des chats et l'on vit les bouchers réserver quelques morceaux pour ceux-ci sur les étals. Dans les classes populaires, la faim était une réalité quotidienne et certains gagnèrent leur pain avec des numéros de chiens ou de singes. Les bœufs aidaient au travail de la terre et l'on était chanceux quand on pouvait élever et consommer un cochon. La nourriture était une affaire trop importante pour qu'on la gaspille pour des animaux de compagnie. C'est donc la bourgeoisie qui prépara au chat une vie agréable. Daniel Defoe (1660-1731), l'auteur de *Robinson Crusoé*, rapporte que vers 1630 un grand marchand londonien avait découpé des chatières dans toutes les portes de sa maison, « même dans les plus belles pièces ». Il n'était pas rare que des familles de la classe moyenne possèdent cinq ou six chats, délicatement nourris, parfois mieux que les domestiques. On les percevait comme des membres de la famille et l'on vit des portraits de matous, l'animal étant parfois affublé de colliers à grelots. Thomas Gainsborough le montra tel qu'il était perçu : le compagnon de la famille, en particulier des enfants. Il prit progressivement presque autant de place que le chien.

Il n'est pas étonnant que Balzac ait situé ses *Peines de cœur d'une chatte anglaise* en Angleterre. Raconter l'histoire de Beauty tombant amoureuse du Français Briquet alors qu'elle est promise à un vieux lord félin fin de race appelé Puff a du sens, l'Angleterre toute victorienne est prude et férue des petits félins. Le texte permet de donner un coup de griffe à cette hypocrisie anglaise qui caractérise la société sous la reine Victoria. Selon l'écrivain français, la perfide Albion est un sommet d'absurdités puritaines qui créent du malheur.

Les Anglais ont sans doute une tendresse particulière pour leurs animaux de compagnie, et en particulier les chats. Les défenseurs des animaux se sont exprimés en Angleterre bien avant les Français – certes, il y eut Montaigne, mais j'entends plutôt des militants de la cause animale comme Richard Dean pour qui les animaux ont une âme. Les chasseurs de souris furent donc appréciés pour autre chose que cette habileté, on aima leur compagnie, et on loua leur beauté, leur élégance. En 1871 eut lieu la première exposition féline au Crystal Palace de Londres. Les expositions se succédèrent dans toute l'Europe et en Amérique, et les premières associations félines se créèrent.

Et pour preuve que les Anglais sont ailurophiles, ils ont créé une race de chats qui est admirée et célèbre : le british shorthair. De couleur gris-bleu (le *british blue*) ou crème, ce chat est une espèce robuste au poil court et dense, et à la face large où brillent de grands yeux jaunes. Il peut parfaitement jouer le Cheshire Cat d'*Alice au pays des merveilles*. Le Cheshire Cat était célèbre pour son sourire. Ce fameux sourire finit par devenir la métonymie du chat : le chat disparaît et seul son sourire demeure visible, flottant dans le ciel. L'origine de ce fameux sourire se situe près des fermes du comté du Cheshire. On rapporte que l'on fabriquait une crème tellement onctueuse dans cette région que les chats qui y goûtaient se promenaient ensuite avec une moustache blanche qui évoquait un sourire. L'expression savoureuse serait née ainsi.

Les Aristochats

Les Aristochats, *The Aristocats* dans sa langue d'origine, est le dernier long-métrage initié par Walt Disney avant sa mort en 1966. Le film, réalisé par Wolfgang Reitherman, sort en 1970 aux États-Unis, en 1971 en France, et, il semblerait que l'histoire soit inspirée du *Paradis des chats* de Zola (*voir cette entrée*). Les scénaristes sont Tom McGowan et Tom Rowe. L'histoire du film est un hommage américain à la culture française puisque tout se passe à Paris ou dans ses alentours. D'ailleurs, amitié franco-américaine oblige, c'est Maurice Chevalier qui chante la chanson du générique dans sa version anglophone et francophone, et les frères Sherman, les talentueux musiciens américains, qui exécutent le reste de la musique du film. Musique qui reste longtemps en tête…

L'histoire se passe dans une grande maison bourgeoise d'un beau quartier parisien en 1910. Une belle chatte blanche appelée Duchesse vit avec ses trois chatons, Toulouse, Berlioz et Marie, chez Madame Adélaïde Bonnefamille, une vieille dame distinguée, ancienne chanteuse d'opéra, folle de ses chats. Un majordome vieille France, Edgar, s'occupe de la maison et nourrit les félins. Le jour où Madame convoque son notaire pour rédiger son testament, Edgar surprend leur conversation grâce à un tube acoustique qui relie sa chambre à la pièce où se trouvent sa patronne et son clerc. Il apprend que l'héritage reviendra d'abord aux chats, puis, après la mort de ceux-ci et de leurs héritiers (ce qui peut faire beaucoup), à lui. Décidé à devenir le seul riche héritier, il décide de se débarrasser des chats en leur donnant des somnifères et en les emmenant à la campagne, certainement pour les tuer, mais le projet est mis à mal par deux chiens comiques, Napoléon et Lafayette. En plus d'Adélaïde Bonnefamille, plusieurs animaux de la maison constatent la disparition des greffiers : Frou-Frou, la jument, et Roquefort, la souris, amie des chats (hé oui, chez Walt Disney chats et souris s'entendent comme larrons en foire). Quand ils se réveillent en pleine campagne, les chats s'angoissent mais, heureusement pour eux, un matou de gouttière passe dans les parages, c'est Thomas O'Malley, un sacré gus qui fanfaronne, mais se montre très efficace quand il s'agit de se débrouiller et de trouver une voiture pour Paris ou une piaule dans la capitale où passer la nuit. Duchesse et ses chatons ont maintenant un protecteur qui leur fait découvrir le Paris canaille et Scat Cat, le leader de la bande des chats de gouttière musiciens. À eux, la nuit de fête au rythme jazzy où l'on chante « Tout le monde veut devenir un Cat ». Les chatons s'endorment, enivrés, à l'aube, tandis que Duchesse et Thomas comprennent qu'ils sont amoureux mais qu'ils devront se séparer car la mère des chatons aime beaucoup sa maîtresse Bonnefamille. Les chats retrouvent le chemin de leur maison, mais Edgar les repère le premier et se jette sur eux. Ils devront la vie sauve à une alliance entre Thomas O'Malley, la jument Frou-Frou et Roquefort, la souris débrouillarde.

La petite bande saura se débarrasser pour longtemps du vil Edgar. La fin sera bien évidemment heureuse, Duchesse et ses chatons seront de retour chez leur maîtresse et Thomas sera adopté par cette femme admirable. À eux de donner vie à de nouveaux chatons, Madame les y convie.

Comme dans les fables, et comme toujours chez Disney, ces animaux sont en réalité des humains avec quelques caractéristiques animales – ils se lèchent, miaulent quand ils ne parlent pas –, ce qui est toujours l'intention des films pour enfants, néanmoins *Les Aristochats* recèlent un charme certain. Le Paris du début du XXe siècle contribue à l'esthétisme du décor et on peut saluer quelques trouvailles très drôles : celle du duo de chiens aux oreilles pendantes et à l'instinct de chasseur, Napoléon et Bonaparte, et le duo des oies, Amélie et Amélia, deux Anglaises chapeautées, enthousiastes mais choquées par les manières un peu débridées des Français.

Impossible de sortir du cinéma sans chanter à tue-tête « Tout le monde veut devenir un Cat ». Le film est une ode à la musique, aux soirées festives, au mélange des genres, des classes sociales. Le revoir à l'âge adulte ressuscite les moments féeriques de l'enfance.

B. B.

Autant le dire tout de suite, j'ai toujours aimé Brigitte Bardot, et cette affection a commencé quand j'étais enfant. Elle était la star française que je parvenais parfaitement à imiter. Je me donnais ainsi en spectacle dans la cour de l'école primaire, devant mes amis qui me trouvaient très convaincante.

Déjà interpellée par sa lutte pour les animaux – à l'époque on parlait beaucoup des bébés phoques –, je l'ai découverte plus tard, à l'adolescence, comme actrice. Il fallait qu'une personne de sa notoriété prenne la parole pour la défense, le respect des animaux sauvages ou domestiques. Brigitte Bardot (née en 1934) est une pasionaria, elle est la figure emblématique d'une lutte pour un élargissement du concept d'humanité.

Et, signe du destin, les Anglais qui étaient tombés amoureux d'elle dès ses débuts remarqués dans le cinéma l'appelèrent *the kitten* (le chaton). Elle qui était perçue comme l'actrice française la plus sexy fut immédiatement associée au chat. On ne pourra pas dire que cela nous étonne. On connaît les photos de Brigitte Bardot avec ses chiens mais, depuis toujours, la star est entourée de chats.

Il y avait quelque chose d'inévitablement félin en elle : de son maquillage à sa démarche. Son hyperféminité faisait d'elle une créature de désir, une créature qui échappe au bon plaisir de ses fans concupiscents. Tel le chat qui émoustille et se dérobe.

Les réalisateurs ont perçu cette félinité inaccessible et l'ont mise en valeur. Je pense par exemple à Roger Vadim dans son film *Et Dieu… créa la femme* en 1956 où B. B. apparaît dans toute sa grâce sensuelle et dangereuse. On se souvient de sa danse, un mambo lascif et endiablé, qui aimante les spectateurs. Ou encore lorsqu'elle sort de l'eau, la robe collée à ses formes. Il y a du félin dans cette assurance et cette souplesse.

Dans la scène d'ouverture du *Mépris* de Godard, en 1963, elle est étendue dénudée sur un lit près d'un Michel Piccoli en sous-vêtements et, telle une chatte qui viendrait demander des caresses, elle le questionne sur son corps. Aime-t-il ses pieds, ses chevilles, ses fesses ? etc. Piccoli, médusé, sous le charme, répond évidemment oui à tout. Et c'est également ce que le spectateur répondrait dans une telle situation.

Si Catwoman (*voir cette entrée*) avait été un rôle pour une actrice dans les années 60, il est à parier que Brigitte Bardot aurait été phénoménale dans les habits en cuir de l'héroïne aux réflexes foudroyants – on a même pu s'en rendre compte dans le clip de Gainsbourg, *Harley-Davidson*, où elle apparaît en minijupe de cuir et cuissardes. Elle-même confesse en interview : « Je suis vraiment un chat transformé en femme. Je ronronne. Je me gratte. Et parfois, je mords. »

Dans ce registre, c'est Serge Gainsbourg qui parle le mieux d'elle. En 1972 le chanteur-compositeur avait raconté son histoire d'amour avec Brigitte Bardot au reporter Christian Brincourt pour *Paris Match* :

« Brigitte dégageait une féminité poussée à un tel paroxysme qu'aucun mâle ne pouvait y être indifférent. Sa morphologie, sa démarche de danseuse, son port de tête, son élégance naturelle faisaient d'elle à mes yeux un félin devenu femme. [...] Nous étions comme deux chats, en observation, presque en confrontation. Dévorés par une timidité totale, nous étions pétris de trac. [...] Je l'ai souvent exprimé, Bardot est faite de pleins et de déliés. La femme, dans toute la plénitude de ses trente ans, pouvait se transformer subitement en une petite adolescente amoureuse. Et lorsque la femelle, dressée sur ses certitudes, sortait ses griffes, elle pouvait devenir tendre, pathétique, charnelle, totalement injuste, comme aucune autre femme. »

Brigitte Bardot s'installe en 1958 à La Madrague dans la baie des Canebiers, l'un des endroits les plus sauvages de la presqu'île de Saint-Tropez. À quelques centaines de mètres seulement, se cache dans le fouillis végétal La Treille muscate, la maison où Colette vécut une quinzaine d'années, de 1935 jusqu'à la veille de la guerre mondiale. La femme de lettres avait eu le coup de foudre pour cette modeste demeure provençale, sa glycine, ses vignes, ses tamaris. Le jardin conduisait jusqu'à une plage couverte d'entassements de posidonies. Au-delà : la mer. Dans ce lieu idyllique, elle écrivit de nombreux chefs-d'œuvre, *La Naissance du jour*, mais aussi *La Chatte*. Elle vivait entourée d'animaux domestiques ou sauvages, à poil, à épines, à piquants, à écailles ou à plume. Mais les félins avaient sa préférence. On peut tenir pour certain que Brigitte Bardot nourrit, aujourd'hui encore, des chats errants descendant de ceux qui inspirèrent la géniale romancière. Colette a également laissé en héritage à la « reine Bardot », le statut sulfureux

– mais ô combien enviable – de la Scandaleuse : l'une dansait nue sur les scènes de music-hall, l'autre enfiévrera la planète avec un mambo lascif simulant l'orgasme…

Bar à chats

L'invention du bar à chats trouve son origine à Taiwan en 1998 et devient vite populaire auprès des touristes japonais qui importent le concept à Osaka en 2004. Au Japon, le succès est si grand que les bars sont au minimum une centaine. On les appelle *Neko Café*, *neko* signifiant « chat ».

Le bar à chats répond à la demande de citadins qui aiment les chats mais ne peuvent en avoir chez eux : soit que leur partenaire ou leurs enfants y sont allergiques, soit que leur emploi du temps ne leur donne pas la possibilité de s'occuper d'un animal (quand on connaît le nombre d'heures que les Nippons consacrent au travail), ou parce que leur appartement est trop exigu pour y accueillir dignement un petit félin. Le succès du Neko Café n'est pas surprenant. « Le temps passé avec un chat n'est jamais perdu », disait Colette.

La compagnie des chats est source de plaisir et d'apaisement. On a parlé de ronronthérapie : caresser un chat, jouer avec lui réconforte, détend… et ce serait scientifiquement prouvé. Ces nouveaux temples dédiés à l'ailurophilie sont très bien réglementés : interdiction de déranger un chat pendant la sieste, pas de flashs pour les photos, obligation de se laver les mains avant de caresser un minet, obligation pour le bar à chats d'avoir un sas entre l'entrée sur la voie publique et la salle des greffiers, etc. On a également ajouté un plan sanitaire pour les humains, précisément pour garantir l'hygiène des produits alimentaires, mais les bipèdes sont une priorité secondaire dans le temple de l'ailurophilie.

En Europe, après avoir séduit Vienne, le bar à chats s'est installé à Paris où il a accueilli des chats issus de différents refuges de la région parisienne. Le premier Café des Chats a ouvert ses portes le 21 septembre 2013 dans le quartier du Marais et le succès a été foudroyant. Une queue interminable pour entrer dans cet édifice consacré à *catus*, et une liste d'attente indispensable durant plusieurs mois... D'autres bars générateurs de ferveurs félinolâtres sont apparus en France et dans le reste de l'Europe.

Pourquoi un tel succès quand chacun peut accueillir un chat chez soi (la France n'est pas le Japon) ? Est-ce le besoin de célébrer la divinité ronronnante ? La conscience que toute église se doit d'être séparée du logis et que le petit animal est bien plus qu'un simple familier de la maison ?

Si Dieu est mort, le chat se propose de devenir son voluptueux ersatz.

Baudelaire Charles

Baudelaire (1821-1867) avait un dieu. Cette idole était pourvue de moustaches et de griffes rétractiles. Vous ne verrez pas plus grand adorateur, plus fervent croyant en la divinité féline que Charles Baudelaire. Il a pratiqué sa religion en écrivant des poèmes, des odes d'une beauté brûlante au moustachu à griffes rétractiles.

Attardons-nous sur le poème « Les chats ».

Selon Baudelaire, les chats sont l'aristocratie même. Dans son regard, les félins sont « nobles », « magiques », « grands », et fiers. Ils sont l'incarnation des dieux des pharaons, immenses, mystérieux, lointains, ils sont « De grands sphinx allongés au fond des solitudes ». Le poète est littéralement subjugué par le corps et les aptitudes de l'animal dont les « reins féconds sont pleins d'étincelles magiques». Sans doute reste-il médusé devant «leurs prunelles mystiques» dans lesquels il distingue des «parcelles d'or». Vous voyez Baudelaire agenouillé devant ces dieux à fourrure? Comme leur beauté l'inspire. Comme il les idolâtre, comme les chats le dépassent, dans sa perception.

Le dépassent mais lui ressemblent! Le poète partage avec les chats le goût de la solitude, de la tranquillité. Il désire être loin du monde tels «Les amoureux fervents et les savants austères», loin du fracas stérile de la société humaine: «Ils cherchent le silence et l'horreur des ténèbres». Baudelaire voit dans les chats des êtres sauvages, des rêveurs érémitiques, des frères.

Des frères mais aussi des amantes. Des créatures au regard subjuguant et au corps sensuel qu'il aime caresser pour que sa «main s'enivre du plaisir de palper [son] corps électrique». Dans le premier poème intitulé «Le chat» – un deuxième existe avec ce même titre – Baudelaire s'adresse à son amoureux félin à la deuxième personne. Il lui parle, le charme, lui adresse la plus fervente déclaration, le supplie: «Viens, mon beau chat, sur mon corps amoureux». Il aime le chat pour son corps élastique, son regard: «tes beaux yeux, mêlés de métal et d'agate». Le chat est ici féminin, spirituellement, anatomiquement. Son parfum enivre. Il évoque la maîtresse de Baudelaire – certainement Jeanne Duval.

Je vois ma femme en esprit. Son regard,
Comme le tien, aimable bête
Profond et froid, coupe et fend comme un dard.

Délires des sens, ode à la félinité mêlée à la féminité, indissociables l'une de l'autre. Jeanne Duval, la danseuse qui marchait, selon Banville, comme une reine, évoquait-elle irrésistiblement à Baudelaire le chat, ou était-ce son félin (jamais nommé) qui lui faisait songer à son amante ?

Ce fou des greffiers leur dédie un autre poème intitulé aussi « Le chat ».

C'est la voix, le miaulement de son chat que le poète chante avec admiration dans la première partie : « son timbre est tendre et discret ». Enfin, pas toujours tendre et discret évidemment : « Mais que sa voix s'apaise ou gronde, / Elle est toujours riche et profonde. / C'est là son charme et son secret. »

On ignorait que le miaulement pût être mélodieux, mais c'est l'avis du poète. Le timbre de son minet lui retourne le cœur d'émotion.

Que ta voix, chat mystérieux,
Chat séraphique, chat étrange,
En qui tout est, comme un ange,
Aussi subtile qu'harmonieux !

Il revient sur l'odeur ou plutôt le parfum du chat qu'une simple caresse suffit à propager. Le chat de Baudelaire est un magicien des sens. On l'imagine déambulant dans un boudoir en roulant des mécaniques, sûr de son potentiel de séduction, prêt pour la caresse.

Mais, Baudelaire insiste, le chat est d'abord un roi, le maître des lieux. Comme La Fontaine (*voir cette entrée*), il reconnaît en lui un grand seigneur. Son autorité n'est pas remise en question, elle le définit en tant que félin, bien que de petite taille.

C'est l'esprit familier du lieu ;
Il juge, il préside, il inspire

Toutes choses dans son empire ;
Peut-être est-il fée, est-il dieu ?

Dieu ? Évidemment. (*Voir cette entrée.*)

Bébert

Le chat Bébert accompagne l'écrivain Céline (1894-1961) dans son odyssée à travers l'Europe en temps de guerre et après, durant ces années où la justice française le recherche pour collaboration. Le matou qui tient son nom d'un petit garçon apparaissant dans *Voyage au bout de la nuit* est présent dans plusieurs œuvres de l'auteur, comme *Féerie pour une autre fois*, *Nord*, *Rigodon*, *D'un château l'autre*. Emmené dans une gibecière, Bébert en sort quand le couple Céline et Lucette Destouches (dite Lili) trouvent un refuge. Apparemment, ce grand chat tigré attire les compliments de certains gradés SS. Son « greffe », son « Miragrobis » comme l'appelle Céline, est un héros en soi, un héros discret que son propriétaire admire et protège jusqu'à la fin de sa vie. Le « greffe » aura connu les bombardements, les voyages inconfortables sur les routes d'Allemagne et du Danemark, les dissimulations en tous genres – une loi nazie interdisait la possession d'animaux qui ne soient de race et reproducteurs, alors que Bébert était un chat de gouttière castré, mais Lili parvint à sauver *in extremis* le matou… Ce chat supporte tout, il a même la capacité de flairer la nourriture contaminée et d'éviter les empoisonnements. Selon le spécialiste de Bébert, l'écrivain Frédéric Vitoux, auteur du *Dictionnaire amoureux des chats* et de *Bébert, le chat de Louis-Ferdinand Céline*, Bébert est le « double » de Céline, mais le chat serait pourvu de traits de caractère que Céline n'aurait osé s'attribuer (comme la gourmandise ou la capacité à oublier).

Le chat est aussi associé à Lili, sa femme, avec qui il forme quasiment un couple, un couple silencieux. Céline, Lili et Bébert constituent un trio uni pour le meilleur et pour le pire. Vitoux relève que la présence du matou dans le texte permet à l'écrivain de « *parler* d'autre chose » alors qu'en même temps « la présence de Bébert authentifie un peu celle de Pétain et de Laval, qui rend crédibles les décors de Baden-Baden, Zornhof (c'est-à-dire dans la réalité Kränzlin) ou Sigmaringen ».

Bien pratique et bien charismatique, ce Bébert. Le chat est si naturellement gracieux qu'il inspire ces lignes à l'écrivain : « Bébert !... Lili l'a sorti de son sac... il a déjà fait sa toilette... ses oreilles, ses pattes une à une, soigneusement... Bébert est pas le greffe souillon, puisqu'il a un moment dehors, à l'air, au jour, il profite... [...] Bébert sa toilette finie, replie ses pattes, se remet sa queue bien en place, en boucle, et regard loin, au loin... il ne nous regarde pas... digne, je dirais... »

Je ne connais personne d'autre que Bébert qui fut qualifié de « digne » dans l'œuvre de Céline.

Céline écrivait dans *Féerie pour une autre fois* : « Vous direz, un chat c'est une peau ! Pas du tout ! Un chat c'est l'ensorcellement même, le tact en ondes. » On a rarement écrit de choses si belles et si juste sur le petit félin.

Belgique

Il y a une expression belge qui me plaît beaucoup : « acheter chat en sac. » Il s'agit d'acheter un produit dont on ignore tout. Autrement dit, prendre un risque commercial.

Ce n'est évidemment pas un hasard si les Belges ont choisi le chat pour cette formule. Un chien dans un sac, cela inspire tellement plus de confiance. Un cochon dans un sac : on ne peut pas se tromper. Un éléphant dans un sac : cela devient difficile.

Mais un chat dans un sac, oui, nous en serions tous capables, dans un moment d'inconscience. À vos risques et périls !

Tournons-nous vers les Ardennes belges. La Saint-Hubert tombe le 3 novembre. C'est la fête des animaux. La petite ville belge qui porte le nom de Saint-Hubert célèbre dignement cette fête : chaque 3 novembre, tout le monde vient dans la basilique du même nom avec ses animaux pour les faire bénir par le prêtre. C'est ainsi que l'on voit, dans l'église, des vaches, des ânes, des poules, des poissons rouges (dans leur bocal), des chiens, des cochons, et même des vautours. Le seul animal que vous ne verrez jamais lors de cette messe formidable est le chat.

Pourquoi ? Rien ne l'interdit.

Je me suis renseignée. Les gens qui ont des chats ont dit : « Un chat, ça ne tient pas en place », ou : « On a essayé : les chats quittent l'église. »

Connaissez-vous un autre animal qui quitte les églises ?

Blacksad

Cette série de BD policière et animalière déclinée en cinq albums qui nous vient d'Espagne est l'œuvre de Juan Diaz Canales pour le scénario et Juanjo Guarnido pour le dessin. C'est une plongée dans l'univers du crime aux États-Unis durant les années 50. Le détective privé John Blacksad enquête dans un monde d'animaux anthropomorphes. Lui est un chat noir avec une tache blanche au bout du museau. Marchant sur deux jambes humaines, il est carré d'épaules et se promène dans un éternel imperméable, comme on l'attend d'un *private dick* de cette époque.

Blacksad est un mélange de Philip Marlowe – le héros de Raymond Chandler – pour l'alcool et pour son genre physique typiquement américain (baraqué) et de Nestor Burma pour le côté justicier pourfendeur des puissants et de l'injustice – il défend le sexe dit faible.

Il évolue dans un univers animalier où les personnages sont dotés des caractéristiques qu'on prête à telle ou telle espèce. Ainsi, Smirnov, le commissaire de police, est un berger allemand tandis que la fouine Weekly travaille comme journaliste. Les brutes sont des ours ou des rhinocéros, les voyous des crocodiles, les femmes des souris…

Personnage sombre, se déplaçant dans un univers de turpitudes, Blacksad, qui porte bien son nom, affiche des mimiques rarement joyeuses sauf par intérêt, quand il s'agit de soutirer des infos.

Dans le premier tome de la série intitulé *Quelque part entre les ombres* (Dargaud, 2000), la célèbre actrice Natalia Wilford (une bombe sexuelle aux traits de chatte, à moins que ce ne soit de souris) est retrouvée assassinée. Notre matou détective décide de retrouver l'assassin et de l'envoyer *ad patres* pour venger celle qui a été son premier amour.

Blacksad, un héros, un vrai, un matou.

Burroughs William S.

L'auteur du *Festin nu* et de *Junky* vécut une vie violente, qui tourna à la tragédie avec le meurtre de sa femme Joan Vollmer : ivre, il voulut imiter un exploit de Guillaume Tell et visa au revolver une pomme posée sur la tête de son épouse… Après bien des descentes aux Enfers (consommations d'héroïne et de morphine suivies de cures de désintoxication), il connut, à la fin de son existence, l'amour félin. Un ouvrage intitulé *The Cat Inside*, traduit en français par *Entre chats* raconte ce qui le lie aux chats. Burroughs (1914-1997) médite sur la relation entre l'homme et l'animal, à sa façon, très personnelle : selon lui, les Égyptiens de l'Antiquité n'ont pas adopté le chat pour sa fonction de dératiseur mais ont choisi le petit félin pour le plaisir d'avoir un compagnon, une âme sœur à fourrure. Pour Burroughs, seul l'amour est à l'origine de la relation homme-chat. Si ce n'est pas de la foi…

Parmi les chats qui ont côtoyé l'écrivain, le plus important est un chat mâle non stérilisé appelé Ruski, puis viennent Ed ou le *white cat*, le chat blanc, Fletch, le chat noir tout mince aux yeux verts, et Wimpy, un chat roux qui dort sur une chaise près de son lit. Non seulement Burroughs s'est entiché des chats sur le tard, comme s'il fallait un peu de sagesse pour vivre une grande histoire avec *catus*, mais son attachement est tel qu'il rêve du chat qu'il perçoit comme mi-humain, mi-animal, et même étrangement humain dans son amour car un chat ne s'attache que si vous lui donnez quelque chose en échange. Les chats sont des créatures « matérialistes », comme les hommes. D'ailleurs les chats sauvages cherchent toujours à se faire adopter, d'après Burroughs, parce qu'ils préfèrent être nourris, même si ce sont de bons chasseurs. Et cette recherche de protection humaine est quelque chose qui émeut profondément Burroughs. L'écrivain conçoit qu'ils soient moins démonstratifs une fois qu'ils ont obtenu une place dans un foyer. C'est normal et bon signe… L'auteur perçoit également les chats tels des petits singes, et l'on sent que cette comparaison est pleine de tendresse – même si le début de *Junky* commence avec cette sensation qu'un singe attrape le narrateur, une allégorie de l'addiction.

Burroughs peut être cruel dans son jugement des chiens, dont les expressions de colère ont une laideur issue de la laideur humaine – celle de leur maître –, quand la colère des chats est magnifique, sauvage, originelle.

Les chiens sont des sentinelles, c'est la fonction que l'homme leur a donnée. Ils sont censés prévenir si quelqu'un s'approche. Burroughs explique que c'est pourquoi ils détestent les matous. Car le chat se fiche du bien et du mal, son seul objectif est d'obtenir l'affection de son propriétaire. « Le chat n'offre aucun service. Le chat s'offre. »

Revenant sur un épisode de sa vie, l'écrivain raconte sa rencontre avec un Anglais de la bonne société qui dressait son chien à tuer les chats. À l'époque, Burroughs n'avait pas encore partagé sa vie avec les petits félins, il n'éprouvait pas cette affection pour eux. Mais au moment où il écrit ce souvenir, sa colère monte et il se voit insulter le Britannique vicieux qu'il aurait aimé traiter comme son chien traite les chats.

Plus tard, dans ses rêves, il se verra menacé par des chiens. Sans doute Burroughs est-il devenu un chat à la fin de sa vie.

Caresse

Il ne peut exister d'éloge du chat sans hommage à la caresse.

L'expérience de l'animal de compagnie nous place devant une étrangeté. Nous aimons un quadrupède pour la connivence qui peut naître entre lui et nous, mais nous l'aimons aussi parce que nous touchons son corps. Nous caressons les animaux et ce plaisir est un plaisir sensuel, signe d'un lien fort entre ce que nous nommons les bêtes et nous. C'est une volupté pour eux comme pour nous.

Chaque animal réagit différemment, selon son espèce, à la main de l'homme.

Le chien s'agite, le lapin grince des dents et demeure immobile, le chat pratique une petite danse entre nos jambes en arrondissant son dos.

Le félin donne son corps à caresser en frottant sa tête, du nez au cou, contre le corps de l'humain qu'il cherche à séduire. Le reste suit : arabesque du dos, contact des flancs sur les jambes humaines. Ronronnements, petits sons miaulés de plaisir.

Alors la main humaine s'avance et caresse l'animal tentateur. Ce corps chaud à fourrure soyeuse se tord pour se/vous donner encore plus de plaisir. *Catus* est un sensuel et un séducteur. Quand, soudain, il se roule sur le sol, exhibant son ventre à la fourrure encore plus fine, encore plus désirable, méfiez-vous. N'avancez jamais la main vers ce trésor de l'anatomie du chat ou vous le regretterez. Vous n'aurez jamais le droit de toucher ce ventre attirant, sous peine de recevoir un coup de griffe assassin. Mais continuez de lisser le poil de l'animal de sa tête à sa queue tant que vous le voulez – à moins qu'il n'ait pas l'humeur aux caresses, ce qui est son droit. Alors vous serez enivré, vous en redemanderez. Ces membres souples, élastiques dont la caisse de résonance constituée par les côtes émet un ronronnement profondément énigmatique, sont des appâts qui ont fait leurs preuves depuis des millénaires. Le corps du chat ressemble à un instrument aux courbes aimables, tel le violon. Un son idéal sort de ce physique bien manipulé. D'ailleurs, le chat aime être traité avec la dignité d'un stradivarius. Il apprécie le toucher subtil de la main humaine. Il lui convient d'être traité avec le plus grand respect.

Cats

Cats est une comédie musicale composée par Andrew Lloyd Webber entre 1978 et 1979 d'après le recueil de poèmes *Old Possum's Book of Practical Cats* de T. S. Eliot (*voir cette entrée*). Trevor Nunn a signé la mise en scène et Gillian Lynne la chorégraphie.

Le spectacle connaît un succès foudroyant et sera adapté dans plus de vingt langues.

À l'âge de quatorze ans, j'ai eu la chance de voir ce spectacle à Paris et j'en garde un souvenir encore ébloui. Imaginer des hommes et des femmes métamorphosés en petits fauves par le maquillage, le costume, le mouvement et la voix… Certains d'entre eux, défiant le danger, n'hésitaient pas à se promener à quatre pattes sur les rebords des balcons du théâtre. Ce jour-là, le théâtre était bien l'expression de la vie qui ne sépare pas le public du spectacle. Il faut se récrier sur ces artistes complets, ces comédiens capables de chanter, danser et s'incarner en animal à moustaches et coussinets comme si c'était la chose la plus naturelle du monde.

La première de *Cats* eut lieu dans le West End de Londres en 1981 – j'aurais rêvé d'y assister. Puis carton plein à Broadway, à New York, où la comédie musicale s'est jouée jusqu'en 1997 sans interruption. Le spectacle est revenu à Paris à la rentrée 2015, au théâtre Mogador, pour deux cent quinze représentations.

Une nouvelle façon d'apprécier le texte délicieusement *witty* de T. S. Eliot.

Catwoman

Vêtue de noir, masquée, pourvue de griffes fines, aiguisées, prêtes à vous lacérer, Catwoman est une superhéroïne ultraféminine et ultraféline. Son véritable nom est Selina Kyle, elle serait née dans le quartier de l'East End à Gotham City (un surnom de New York), et se serait échappée d'un centre de détention juvénile à l'âge de treize ans. Vivant d'expédients dans la rue jusqu'à ses dix-sept ans, elle sympathise avec un groupe de prostituées, dont Holly qui restera son amie. Elle devient Catwoman pour défendre ces filles dans la misère. Elle viendra à leur aide lors d'une histoire de tueur en série s'attaquant aux prostituées. Catwoman est donc née d'une pulsion féministe en réaction à Jack l'Éventreur. Elle sauve son amie Holly de la rue, celle-ci la soutiendra dans sa carrière de justicière.

Dans un monde viril, où les superhéros arborent des muscles surdéveloppés et où l'on s'explique à coups de poing, une héroïne mi-femme mi-chatte a quelque chose d'unique. C'est la preuve que les justiciers peuvent être des femmes et que la puissance n'est pas qu'une valeur d'hommes.

Introduite dans la bande dessinée comme cambrioleuse, surnommée *The Cat* dans le premier numéro du comic book *Batman* en 1946, Catwoman, la femme-chat, va prendre de l'ampleur parmi les superhéros et devenir un des personnages les plus charismatiques du genre.

Créée par Bill Finger et Bob Kane, les auteurs de Batman, elle fut interprétée au cinéma par de nombreuses actrices, à commencer par Julie Newmar. Elles seront nombreuses à prendre la relève. On peut citer Eartha Kitt, Lee Meriwether, l'inoubliable Michelle Pfeiffer, Halle Berry, Anne Hathaway, Camren Bicondova.

Superhéroïne, figure inquiétante, armée d'un fouet, la féline traque le crime mais sait aussi s'amuser de son propre pouvoir, y compris de façon malhonnête. Michelle Pfeiffer, alias Catwoman dans *Batman, le défi* (film de Tim Burton sorti en 1992) se bat avec Batman et comprend qu'elle n'a pas le dessus : « Comment oses-tu ? Je suis une femme ! » Et de profiter de l'instant de honte de son adversaire en lui envoyant un coup de pied phénoménal… Le duo qu'elle forme avec Bruce Wayne (l'homme derrière Batman) ne cessera de se perdre et de se retrouver.

La féline est assez drôle. Jouant à la séductrice avec Batman, elle lui susurre en le caressant de sa patte aux griffes aiguisées : « Peut-être pourras-tu m'aider à trouver la femme derrière la chatte. » Ce qui est l'opposé de ce que dit toute femme

« normale » dans ces conditions… À un autre moment, alors qu'elle tient à sa merci le Pingouin, elle commence une longue et rigoureuse toilette en se léchant les pattes et en les passant derrière ses oreilles. Puis, s'adressant à Pingouin assez fasciné : « Je ne te toucherais pas même pour te griffer. » La peur de se salir est une obsession typique des greffiers.

Catwoman joue un jeu plein de duplicité. Elle charme, ronronne, fouette, griffe, ment, tente d'apitoyer son adversaire pour parvenir à le dominer. « Je m'appelle Catwoman, écoute-moi rugir », lance-t-elle crânement. Elle ressemble à nos *a priori* sur les chats ou les femmes. Nous avons tous des préjugés sur les chattes. Pensons à *La Chatte sur un toit brûlant* de Tennessee Williams. Certaines femmes redoutables dans leur séduction évoquent l'essence de la concupiscence féline. Leur charme rappelle la souplesse et la dangerosité des minettes embrasées par leurs chaleurs. La chatte est perçue dans notre inconscient comme un être sauvage, voluptueux, attirant, inquiétant. Les poètes ont chanté son dangereux attrait (*voir l'entrée « Baudelaire »*). La chatte est l'incarnation féminine de la sexualité débridée – l'équivalent masculin serait le lapin (*voir l'entrée « Végétarien »*).

Michelle Pfeiffer reconnaîtra lors de ses interviews que ce rôle l'aura mise au défi. Pour travailler son personnage, elle a dû pratiquer yoga, kick boxing et karaté… Devenir un chat nécessite un apprentissage aussi long et rigoureux qu'un art martial.

Catwoman alias Selina Kyle est aussi l'incarnation de la revanche des prolos. La simple secrétaire qui a commencé voleuse devient une sorte de Robin des Bois des quartiers chauds de Gotham City. Elle aide autant les plus pauvres et les plus démunis qu'elle affronte les criminels de la haute société. Une sacrée ascension pour la *prolotte* que tout destinait à l'invisibilité.

Célèbres

À toutes les époques, une célébrité a partagé sa vie avec un chat dont la renommée aura traversé les décennies, voire les siècles : hommes politiques, artistes, écrivains, journalistes, papes… les chats qui ont vécu dans leur ombre sont devenus immortels. Voici quelques-uns d'entre eux.

Pour commencer, noblesse oblige, attardons-nous sur le cas de Louis XV (1710-1774). Le souverain, fou des chats, eut une passion pour un angora blanc appelé Brillant que nul visiteur n'avait le droit de toucher. En revanche, plaire à Brillant était un moyen de plaire au souverain, et nul doute que maints courtisans ambitieux s'y essayèrent. Le « Choupette » (*voir cette entrée*) de l'époque eut même droit à son portrait par le génial peintre Boucher.

Outre-Manche, un couple royal de félins fit sensation à Buckingham Palace du temps de la reine Victoria (1819-1901). Deux chats persans, White Heather et Flippy, furent choyés par la souveraine et suscitèrent moult plaisanteries (la femelle White Heather était calme et digne comme la reine elle-même quand Flippy se montrait dévergondé – un peu comme devinez qui).

La Fontaine (1621-1695) fait allusion dans plusieurs textes à une certaine Minette qui servit apparemment de modèle au personnage principal de « La Chatte métamorphosée en femme ». On raconte que l'homme de lettres devait réussir à plaire aux dames de la Cour dont beaucoup étaient gagas de leur chat, souvent appelé « Minette ». L'écrivain réserva aux chats un sort particulier dans ses fables, pas vraiment flatteur. De l'hypocrite et cruel Raminagrobis à la femme demeurée sauvage tant elle est chatte (donc tueuse), le poète révèle un ressentiment contre les chats qui pourrait s'expliquer par l'humiliation qu'il dut subir de la part de ces grandes dames qu'il cherchait à convaincre et qui préféraient caresser « Minette » pendant ses lectures.

Scarlatti (1685-1757) reconnut que sa chatte Pulcinella était à l'origine de la fugue en *sol* mineur intitulée plus tard la *Fugue du chat*. Pour la petite histoire, il s'aperçut que sa chatte aimait le clavecin. Comme elle avait l'air de composer en marchant sur les touches, il transcrivit ce qu'elle composait. Jean-Jacques Rousseau (1712-1778) aimait follement sa chatte nommée Doyenne. De santé fragile, lunatique, gémissante, elle ressemblait étrangement à son propriétaire. Quant à lord Byron (1788-1824), il donna le nom de son chat à un poème, Beppo (qui est le diminutif de Giuseppe). Et c'est en référence au Beppo de Byron que l'écrivain argentin Jorge Luis Borges (1899-1986) donna à son chat le même nom. George Sand (1804-1876) prenait son petit déjeuner avec son greffier Minou qui avait même le droit de monter se servir sur la table. Celle qui se battit pour le droit des femmes par son style de vie, ses romans et ses articles assura à son chat la liberté qu'elle souhaitait aux femmes. Autre personnage félin inoubliable : Démonette, la chatte noire de Barbey d'Aurevilly (1808-1889), également appelée l'« Archiduchesse ». Étonnamment, cette chatte était orgueilleuse, possessive, autoritaire – à croire qu'elle avait parfaitement compris le sens de son nom. Zola (1840-1902) préféra des prénoms féminins pour ses chattes : il y eut Françoise, Catherine – « je l'aime parce qu'elle est perfide et cruelle, comme une bête de l'enfer » –, et bien sûr Nana, une chatte-femme comme il a aimé les décrire. On ne présente plus Bébert (*voir cette entrée*), le chat de Céline (1841-1961), qui connut l'exode, les bombardements, l'exil, la prison, les avions, avant de prendre un repos bien mérité à Meudon. Il traverse çà et là l'œuvre de son maître, dans *Féerie pour une autre fois*, *Rigodon*, *D'un château l'autre* et *Nord*.

Côté stars, l'irrésistible et tragique Marilyn Monroe fut d'abord entourée de chiens dans le sens premier du terme (elle eut un colley, un chihuahua, un basset) mais, en tombant amoureuse d'Arthur Miller en 1959, elle découvrit le charme félin dans l'incarnation de la siamoise Serafina. La chatte eut le privilège de se promener dans les studios de cinéma, s'installa dans la loge de sa maîtresse ou autour de son cou. Puis il y eut Mitsou qui passa même devant la caméra et fit une apparition dans le film musical *Let's Make Love* (*Le Milliardaire*), puis dans des publicités de nourriture pour chats.

Le nombre de personnalités tombées amoureuses d'un petit félin est presque impossible à comptabiliser en entier. Et la liste continue de grandir au moment où nous parlons.

Le Chat

Ce film de Granier-Deferre (1927-2007) adapté du roman de Georges Simenon *Le Chat* (1967), sorti sur les écrans en 1971, raconte l'histoire d'un couple âgé interprété par le tandem miraculeux Gabin-Signoret. Le temps a passé, vingt-cinq ans, c'est long, le couple n'a plus rien à se dire, mais aucun des deux ne prend la décision de quitter l'autre. L'atmosphère de rancœur entretenue par la vie quotidienne semble d'autant plus compacte qu'on se trouve dans une banlieue parisienne impersonnelle, bruyante de travaux, déprimante jusqu'à la sinistrose. Julien, l'ancien ouvrier typographe joué par Gabin, et Clémence, l'ancienne trapéziste interprétée par Signoret, ne se parlent plus. Elle a été victime d'un accident du travail : une chute qui a stoppé net sa carrière. Seul le chat éveille chez le mari une tendresse qu'il n'a plus pour son épouse. Un simple chat de gouttière sans beauté particulière canalise maintenant tout son amour et naturellement éveille la haine de Clémence. L'affection de Julien pour le chat se manifeste de façon outrancière pour cette femme naguère désirée. La première fois que le personnage interprété par Gabin adresse la parole à Signoret, c'est pour lui demander où est passé le chat, ce sont les seuls mots qui rompent le silence épouvantable. Ils révèlent que l'animal a pris la place de l'épouse dans le cœur de l'homme. Une épouse qui, comme par hasard, a été trapéziste, c'est-à-dire qu'elle a su bondir, s'élancer dans l'air « comme un chat » ; mais cette époque est révolue, depuis elle s'est réfugiée dans l'alcool. Sa jalousie l'entraîne à commettre l'irréparable : elle tue le chat. Comme on peut le lire dans la catégorie « faits divers » des journaux, l'amant ou l'amante est assassiné par la femme ou le mari jaloux, on supprime le ou la responsable du chaos. On cherche à recréer de l'ordre en effaçant la troisième « personne ». Outre que ce film est une merveille, une œuvre forte qui révèle l'intensité des sentiments tus, et que les acteurs sont deux monstres du septième art, l'histoire en elle-même est hautement symbolique. Bien que ce chat soit un mâle, dans sa symbolique et la perception des personnages ce « il » est un « elle », la nouvelle amie de cœur d'un homme qui a naguère aimé une femme. C'est un amour tacite, mais qui était destiné à durer ; protagonistes et spectateurs ont compris quelle était la vraie nature de ce sentiment. Ce nouvel amour, lui, ne pouvait pas tomber du trapèze ou alors sa chute n'aurait pas été grave : par définition, un chat retombe toujours sur ses pattes[1].

1. Stéphanie Hochet, *Éloge du chat*, Léo Scheer, 2014.

Le Chat botté

Mais de quoi ces fameuses bottes sont-elles le nom? Nombre de chercheurs en littérature se poseront toujours la question. Certains, séduits par la psychanalyse, y liront une métaphore de la virilité, d'autres y verront un accessoire issu de la noblesse – et donc la marque d'une transgression puisque ni le chat ni le fils du meunier ne sont nobles. Enfin, bref, on ne sait pas pourquoi le chat dont hérite le benjamin d'un meunier exige une paire de bottes pour porter bonheur à son maître. Mais, de fait, ce matou qui se tient sur ses deux pattes arrière va permettre au jeune homme défavorisé de faire fortune et d'épouser la fille du roi.

Le jeune arriviste est un thème chéri en littérature. On ne se lasse pas de ces jeunes hommes pauvres capables de renverser le destin et de se faire une place au soleil à force de courage et de volonté. L'audace paye toujours, en amour et en société.

Dans *Le Chat botté* de Charles Perrault, le mérite du succès social revient davantage au chat qu'à son maître, mais certains avanceront que le chat et son maître sont, en réalité, la même personne.

Revenons-en à l'histoire. À la mort d'un meunier, ses trois fils héritent de ses maigres biens: l'aîné reçoit le moulin, le cadet l'âne et le benjamin «n'eut que le Chat». Le plus jeune s'apprête déjà à manger le «Chat» (avec une majuscule) quand celui-ci, doué du langage humain, le supplie de lui laisser la vie sauve, en échange de quoi il fera sa fortune. Le maître du Chat accepte et se voit demander un sac et des bottes. Chaussé de ses bottes, le Chat parcourt la campagne et attrape lapins et perdrix qu'il va offrir au roi au nom du «marquis de Carabas». Il suggère ensuite à son maître de se baigner dans la rivière. Quand le carrosse du roi qui voyage avec sa fille, une princesse magnifique, arrive près de la rivière, le Chat s'écrie que des voleurs ont emporté les vêtements du marquis de Carabas !

Le roi offre de riches vêtements au jeune homme et l'invite à s'asseoir dans son carrosse aux côtés de sa fille qui tombe instantanément amoureuse de lui. La scène suivante conclut l'anoblissement et la fortune du « marquis de Carabas ». Après avoir parcouru la campagne et ordonné aux paysans de dire que la terre traversée par le carrosse du roi appartient au marquis de Carabas, le Chat entre dans le château occupé par un ogre capable de se métamorphoser en toutes sortes d'animaux. D'abord effrayé quand il se transforme en lion, le Chat défie l'ogre de prendre la forme d'une souris. Le monstre s'exécute, le Chat bondit et le dévore. Le roi arrive à son tour dans le château et, impressionné par l'ampleur des biens du « marquis de Carabas », offre sa fille au meunier. Le Chat devient grand seigneur et ne court après les souris « que pour se divertir ».

Le conte existe en anglais. *Puss in Boots* est le triomphe du chat *trickster*, un chat capable de bien des tours.

Fort en rhétorique, supérieurement intelligent, le Chat du marquis de Carabas peut rappeler les fins courtisans, les habiles politiques déjà décrits chez des auteurs antérieurs – Rabelais et La Fontaine par exemple. La particularité de ce conte-là, c'est de montrer son ascension sociale phénoménale. De fait, quel autre animal a mieux réussi que le chat dans la société humaine ?

C'est bien pour cette raison que selon l'écrivain Patrick Rambaud (né en 1946), la meilleure incarnation du Chat botté est Napoléon, un des plus grands arrivistes que la terre ait portés. Cet homme né sans titre, court sur pattes mais terriblement habile, grand stratège et prêt à tout pour dominer le monde, aura laissé une empreinte profonde dans l'Histoire.

Quelle ascension plus vertigineuse que celle qui vous hisse au statut d'empereur ?

Comme je le disais dans *Éloge du chat*[1], il suffit de quelques lignes à Rambaud pour présenter ce chat qui a fait irruption dans l'Histoire avec ses bottes et son goût du pouvoir : « Je vous raconte ici l'ascension d'un homme. Petit, maigre, avec un drôle d'accent, des cheveux raides et des yeux bleus, il a vingt-cinq ans, il s'impatiente : il n'est rien et il veut tout. Général en disgrâce, il monte de Marseille à Paris au printemps 1795. Après la chute de Robespierre, le pays est en plein chaos. [...] À force d'intrigues, de coups de gueule ou de caresses, notre général va réussir. En une saison il écrase une émeute royaliste, épouse la vicomtesse de Beauharnais et se retrouve à la tête de l'armée d'Italie. Sur la route de Nice où il part rejoindre ses troupes pour les lancer en Lombardie dans une guerre de pillage, il francise son nom italien facile à écorcher. Désormais, il va s'appeler Bonaparte. »

Une chose est sûre : le Chat botté n'a jamais douté qu'il parviendrait au sommet du pouvoir.

Le Chat-bus

Le film d'animation de Hayao Miyazaki, *Mon voisin Totoro*, qui vit le jour au Japon en 1988, est une œuvre au charme nostalgique dépeignant la vie de deux petites filles et de leur père arrivant dans leur nouvelle maison à la campagne, à quelques heures de Tokyo. Satsuki, dix ans, et Mei, quatre ans, vivront avec leur père Tatsuo Kusakabe, jeune archéologue et professeur dans une université de Tokyo, car leur mère est retenue à l'hôpital pour un temps. La campagne qui apparaît dans ce

1. *Op. cit.*

dessin animé enchante les enfants qui se promènent le long des rizières ou dans les bois profonds. Tout est paradisiaque, mais dans ce monde éloigné de toute modernité, où les fillettes découvrent la liberté et la sauvagerie, le fantastique tient une place importante. Totoro est la divinité de la nature, c'est un personnage plus animal qu'humain, d'une espèce inconnue. Pourvu de moustaches, et de grands yeux, il est énorme, duveteux, capable de sourire, de comprendre le langage des fillettes et d'agir sur les éléments comme le vent. Il est peut-être un fantasme d'ami puissant en forme de grosse peluche rassurante. Une de ses créatures acolytes est un chat étrange muni de douze pattes, un chat moitié animal, moitié bus, qui a la capacité de transporter des passagers et qui se déplace sur terre et dans les airs, ses grands yeux de félin éclairant sa route tels des phares.

Quand la petite Mei se perd, sa sœur Satsuki parcourt la campagne en appelant Totoro à l'aide. Ce dernier la prend dans ses bras et fait appel à son fameux Chat-bus, où monte la fillette. Elle circule ainsi partout à une vitesse supersonique et retrouve Mei à la nuit tombée dans un endroit perdu. Les petites filles, toujours perturbées par la maladie de leur mère qui doit rester hospitalisée plus longuement, prennent place dans le Chat-bus qui les emmène à l'hôpital. Elles auront alors le plaisir de voir leur mère de loin en train de discuter avec leur père et de constater qu'elle se porte mieux.

Il y a un charme fou dans cette œuvre de Hayao Miyazaki, qui tient à sa description de l'émerveillement enfantin. La campagne idyllique, presque sans intrusion de la modernité (un vieux téléphone chez des amis de la grand-mère permet d'appeler le père des fillettes au travail) enchante même si on n'y croit pas. Quant au Chat-bus, centre de notre attention, il est une invention bizarre, un peu gadget, issue de l'imaginaire de citadins contemporains dont le chat serait une référence familière. Ce Chat-bus a-t-il encore un lien avec les véritables chats, à part la forme de sa tête ? Pas sûr. Mais peut-être que poser cette question nous amènerait à nous interroger : « Qu'est-ce qu'un chat ? » Est-ce un animal familier ? Est-ce un mélange de sauvagerie et de connivence avec l'espèce humaine ? Est-ce une bête aux griffes rétractiles qui ne chasserait plus « que pour son plaisir » ? Est-ce que tout ce qui a la forme d'un chat est un chat ? Ce qui nous rapproche des doutes et des questions de Rilke quand il préface le *Mitsou* de Balthus (*voir cette entrée*).

Le chat de Schrödinger

Stephen Hawking (1942-2018) disait : « Quand j'entends parler du chat de Schrödinger, je sors mon revolver. »

Je ne voudrais pas offenser la mémoire de ce savant récemment décédé en commettant une interprétation inepte de plus de la fameuse théorie. Bornons-nous à rappeler que le chat de Schrödinger est une expérience de pensée qui date de 1935 et qui vise à mettre en évidence le problème de la mesure en mécanique quantique. À quel niveau d'interaction entre un système macroscopique et une particule l'état de cette particule peut-il se déterminer ? C'est ce que Schrödinger (1887-1961) vulgarisait par cette question : comment le chat enfermé dans une boîte peut-il être perçu simultanément comme mort et non mort ?

Je pense que personne ne lira ce dictionnaire dans le but d'avoir la réponse à une question à ce point métaphysique. Contentons-nous de nous interroger sur ce qui est de notre ressort : pourquoi Schrödinger a-t-il choisi un chat pour l'illustrer ? Parce qu'il n'y a pas d'animal plus imprévisible et que c'est la caractéristique par excellence de la particule observable en physique quantique.

Si on pose sur internet la question de savoir si Schrödinger avait un chat, on obtient une seule réponse positive, qui ne cite même pas sa source. Comme quoi le chat de Schrödinger relève bel et bien de la physique quantique : il ne s'agit jamais que de la probabilité d'une présence.

Le Chat du rabbin

Le Chat du rabbin est une série de BD, écrite, dessinée par Joann Sfar et mise en couleur par Brigitte Findakly, qui plonge le lecteur dans l'Algérie des années 30.

Le rabbin Sfar vit avec sa fille Zlabya et son chat sans nom, le narrateur, un maigre abyssin, effronté, sans-gêne, un peu collant en particulier quand son maître étudie la Torah.

Ce matou bien traité, heureux de sa liberté (« La seule chose qui pourrait restreindre ma liberté absolue, ce serait qu'on me colle des baffes »), écoute et retient les leçons de son maître qui ne manquent pas de sagesse bienveillante : « [...] la main humaine est un outil trop subtil pour qu'on tape les gens ou les chats avec. » Ça ne l'empêche pas de faire les quatre cents coups sur les toits la nuit, de se jeter sur les chattes des rues et de croquer des souris. Ce chat est également fou de sa maîtresse Zlabya.

Le jour où il mange le perroquet du rabbin, le chat acquiert la faculté de parler. Il va saouler son entourage de sa faconde. Il va également convaincre que, puisqu'il maîtrise le langage et qu'il est le chat d'un Juif (ce qui fait de lui un Juif, pense-t-il), il peut passer sa bar-mitsva – et fréquenter ainsi comme il se doit la belle Zlabya. Il est vrai que, si « Dieu est une parole » et que le chat maîtrise cette parole, c'est qu'il est semblable à l'homme qui a été conçu à l'image de Dieu. On voit ici à quel point Sfar nous entraîne dans la gymnastique intellectuelle de la religion juive qui s'élabore autour de la contradiction et des questions logiques. Les scènes de discussions entre le chat sagement assis sur une table et le rabbin ou plutôt les rabbins, puisque son maître l'emmène chez son propre rabbin, le « rabbin du rabbin », sont puissamment intelligentes. Qu'une religion accueille l'insolence intellectuelle tel un carburant est une bonne raison de se réjouir. Vouloir devenir un bon Juif n'empêche pas le chat de mentir et de collectionner les vices. Le rabbin lui enseigne la Torah, le Talmud, la Michna et la Guemara pour le remettre sur le bon chemin.

L'histoire va se continuer en France puis en Afrique. Zlabya épouse un jeune rabbin français, au désespoir du narrateur à moustaches qui ne cesse de commenter tout ce qui se passe autour de lui, y compris quand il aura perdu la faculté de parler le langage humain – ce qui arrive au moment où le chat viole un précepte juif qui interdit de prononcer le nom de Dieu –, car il reste tout de même compris par les autres animaux et… par un Russe.

On devine la connivence entre Joann Sfar et le chat. Outre que le rabbin porte son patronyme, l'insolence et la vivacité d'esprit sont communes à Joann Sfar et à son chat. Sans doute la sauvagerie du félin rôdeur, menteur, dragueur n'est pas étrangère à l'auteur qui donne sa définition du chien (« un chien, c'est solaire, univoque, moraliste, masculin, merdique ») et du chat (« moi je suis nocturne, imprévisible et profondément éthique »). Devinez si Sfar se sent plus chien ou chat…

Des cinq albums, publiés entre 2002 et 2006, on appréciera particulièrement le premier et le cinquième opus, lequel se veut un ouvrage contre le racisme et l'intégrisme – on y verra passer Tintin en personne dont la langue fleurie de préjugés colonialistes consternera nos héros. Un sixième tome paru en 2015 s'intitule bibliquement *Tu n'auras pas d'autre dieu que moi*. Quant au septième livre sorti en 2017, *La Tour de Bab-El-Oued*, Sfar y aborde le thème de l'accueil des étrangers. Le chat voit arriver chez lui deux chatons qui fréquentaient la mosquée et s'offusque que sa maîtresse les adopte sur-le-champ. La mosquée étant engloutie à la suite d'un dégât des eaux, les fidèles seront invités à prier dans la synagogue. Pas sûr qu'ils acceptent… Il sera question, au sens large, de fraternité, de partage avec quelqu'un d'une autre religion, etc. Sfar a beau traiter de sujets éthiques, il demeure toujours aussi insolent par la voix de son chat, irrésistiblement drôle.

La série est publiée chez Dargaud.

Le Chat Murr

Voici un livre dont on vous a parlé ou que vous avez peut-être lu dans votre jeunesse ; ce roman est un des livres que les amoureux des chats et de la littérature citent avec émotion. C'est un classique écrit par un musicien, l'auteur des fameux *Contes*, et ce n'est pas la seule bizarrerie de ce livre.

En pleine période romantique, E. T. A. Hoffmann (1776-1822), auteur de contes et d'opéras, écrit un roman dont le héros, en plus d'être narrateur, est un écrivain-poète incarné par un greffe, le chat Murr.

Le chat Murr, vivant chez un lettré, Maître Abraham, est un petit félin doué de raison philosophique : « Est-il donc tellement extraordinaire de déambuler sur deux pieds, et cela confère-t-il à l'espèce qui se nomme humaine le droit de s'arroger la suprématie sur nous autres, qui tous allons cheminant en bien meilleur équilibre sur nos quatre pattes ? »

Le joli chat à la tête « volumineuse » est confié au maître de chapelle Johannès Kreisler (sans doute un double d'Hoffmann), ami de Maître Abraham. Murr va s'épanouir chez ce musicien, développer plus encore ses dons phénoménaux et apprendre la lecture et l'écriture. Curieux de tout, Murr apprend de sa mère, la tachetée, que son père faillit le manger comme Zeus faillit être dévoré par son paternel Cronos. Aussi capable d'écrire que de miauler, il compose tout naturellement des vers dans le plus pur style romantique (avec moult points d'exclamation et de phrases commençant par Ô, des envolées typiques à faire frémir les bas-bleus), des ouvrages critiques, un « roman philosophico-sentimentalo-didactique » intitulé *Pensée et Instinct*, ou *Chat et Chien*, et même un « ouvrage politique » ayant pour titre : *Des souricières et de leur influence sur la mentalité et sur l'énergie de la gent féline* – et on ne compte pas les tragédies. Cette science dont le chat devient maître sera un argument dont Abraham devra se justifier. On verra même Murr chanter mais à la façon particulièrement peu mélodieuse des chats, jouer des pièces de Shakespeare, tomber amoureux et en souffrir. Mi-homme, mi-chat, Murr milite pour l'espèce féline, « ma race, née libre et indépendante ».

Une des particularités de ce roman est qu'il réunit deux histoires enchevêtrées. Celle écrite par Murr sur sa vie et celle désignée par les « feuillets arrachés » qui sont en fait la biographie du maître de chapelle Johannes Kreisler, une biographie déjà imprimée dont le chat utilise le verso immaculé pour écrire ses propres mémoires. Le procédé permet de lire deux intrigues pleines de péripéties, pas toujours très claires quand il s'agit de la vie de Kreisler. Le romantisme y est toujours à l'honneur, y compris dans sa version grandiloquente.

L'ouvrage réunit fantaisie, humour, originalité des pistes narratives.

L'histoire de ce livre est émouvante, Murr était le véritable nom qu'Hoffmann avait donné à son chat et, à la mort de son animal de compagnie, l'écrivain musicien n'a pas pu continuer l'écriture du roman qui demeure inachevé.

Il faudra attendre 1943 pour en découvrir la traduction française. Murr a bien fait de patienter, il est le bienvenu ici.

« Le Chat noir »

Publiée une première fois en 1843 dans l'hebdomadaire *The Saturday Evening Post* de Philadelphie, *The Black Cat* d'Edgar Poe est une des nouvelles fantastiques les plus célèbres de l'écrivain américain, qui fait partie des *Nouvelles histoires extraordinaires*.

L'immense Baudelaire (*voir cette entrée*) la traduisit en français.

Étrange histoire qui semble née d'un cauchemar où le chat apparaît comme un symbole obsédant.

Le narrateur, un homme auparavant bienveillant avec tout le monde et en particulier avec les animaux, se met à boire. Sa personnalité change du tout au tout. Basculant dans la haine et la terreur, il se met à torturer les nombreuses bêtes qu'il abrite chez lui, bat sa femme, mais hésite à maltraiter le chat noir qu'il a longtemps adoré. Un peu plus tard, lors d'une nouvelle crise, il énuclée le chat. Comme chez un personnage de Dostoïevski, sa fureur empire, devient une sorte de déclaration de foi diabolique. Il pend le chat à la branche d'un arbre et explique : « Je le pendis, parce que je savais qu'il m'avait aimé, et parce que je sentais qu'il ne m'avait donné aucun sujet de colère ; – je le pendis, parce que je savais qu'en faisant ainsi je commettais un péché, – un péché mortel qui compromettait mon âme immortelle. » Le meurtre de son chat le hante et semble lui porter malchance : il échappe de peu, avec sa femme, à un incendie. Toujours obsédé par le petit félin, il adopte un nouveau greffier vaguement ressemblant à celui qu'il a sacrifié à son délire, avec un œil en moins. Un jour qu'il tombe dans les escaliers en butant sur le chat, sa fureur s'éveille. Ne pouvant mettre la main sur le matou, il se tourne vers sa femme, la tue d'un coup de hache, puis la mure dans la cave de la maison. Quand la police arrive, alertée par les voisins, rien n'indique que le cadavre de la femme se trouve dans la maison. Mais, dans une attitude stupide et peut-être masochiste, le narrateur fanfaronne à propos de son mur et y donne quelques coups de canne. Un hurlement fait alors sursauter tout le monde. La police retire les briques du mur et découvre le cadavre de l'épouse, le chat toujours vivant installé sur sa tête...

Le lien entre le chat noir et la femme du narrateur est très fort, au point qu'on se demande s'il ne s'agit pas de la même personne. Le narrateur serait-il furieux contre son épouse, une personne douce qui ne lui reproche jamais aucun de ses actes, tel le chat au début de l'histoire ? Le chat noir est une entité révélatrice, si positive qu'elle renvoie le narrateur à sa méchanceté, à une peur inconnue. Cette obsession évoque l'angoisse du sexe, la nuit sexuelle comme l'a baptisée Quignard. C'est ce qui me frappe à la (re)lecture de ce texte. Le personnage féminin est quasi inexistant, silencieux comme un animal. Le chat noir demeure le préféré de tous les animaux et c'est même parce qu'il l'aime que le narrateur veut l'anéantir. Étrange association d'un chat noir et d'une femme – souvenons-nous des sorcières, souvent représentées avec leur greffier noir... D'ailleurs, le chat noir ne peut quitter la femme, même dans son caveau, il l'accompagne telle une ombre. Rien ne ressemble autant à une ombre qu'un chat noir.

Ce personnage double, bon puis foncièrement maléfique, est un classique en littérature : rappelons-nous *Le Horla* de Maupassant, écrit également à la première personne. Ce livre est un voyage dans un cerveau malade où règnent les plus anciennes des superstitions.

Chats dans la peinture

Comment un corps aussi harmonieux n'aurait-il pas été à l'honneur dans l'un des arts majeurs en Occident ? Comment un petit animal aussi puissamment symbolique aurait-il pu manquer d'inspirer les plus grands maîtres ? Parcourons quelques pièces de musée.

Le plus amoureux des chats fut certainement Léonard de Vinci (1452-1519) qui déclarait : « Même le plus petit des félins, le chat, est un chef-d'œuvre. » Chez Vinci, c'est la beauté du mouvement, la grâce, la souplesse. Dans une étude sur les mouvements de chats dont l'original se trouve au château de Windsor, le peintre florentin représente une vingtaine de chats dans des postures paisibles ou joueuses, effrayées ou combatives. Parfois trois chats se jettent les uns sur les autres, formant des grappes, des mélis-mélos de pattes et de queues. C'est le fauve que Vinci admire dans le chat, sa souplesse musculaire, sa force compacte. Il est fasciné par les variations infinies de sa mobilité, ses grandes capacités de prédateur. L'homme vivait entouré de chats, de chiens, de chevaux et même de singes. Antispéciste avant la mode, il était visionnaire : « J'ai très tôt renoncé à la viande et un jour viendra où les hommes tels que moi proscriront le meurtre des animaux comme ils proscrivent aujourd'hui le meurtre de leurs semblables. » Nulle trace de symbolique ou d'*a priori* religieux dans ces études, mais l'amour de la nature, de sa diversité, de ses ressources incroyables pour continuer le cycle de la vie. Je ne peux m'empêcher d'avoir un faible pour ce génie dont j'aime l'œuvre et l'esprit.

Certains répliqueront que c'est sans doute parce que *catus* est présent dans de nombreux foyers que le représenter suppose immédiatement une scène domestique. Certes, quand Pierre Paul Rubens peint *L'Annonciation* en 1610, il demeure fidèle à la tradition flamande qui place ses sujets dans des intérieurs. Marie est agenouillée sur un prie-Dieu, dans un endroit qui lui est familier, surprise durant sa prière par l'archange Gabriel. Elle se retourne pour recevoir la grande nouvelle, sa maternité divine. À ses pieds, un chat tigré, roulé en boule près d'un panier en rotin contenant un nécessaire à couture. C'est une scène domestique : la couture, le chat. Le chat appartient au foyer, rien de négatif dans cette symbolique. Le minet semble parfaitement innocent, on lui donnerait le bon Dieu sans confession.

Sur ce même thème, Lorenzo Lotto avait peint en 1528 un chat beaucoup plus ambigu. *L'Annonciation de Recanati* dévoile une vierge effrayée par l'annonce que lui transmet l'archange Gabriel, assisté, semble-t-il, de Dieu le père en personne dans les cieux. Se trouvant à gauche du tableau, habillée de rouge avec un manteau bleu, Marie tourne le dos à sa lecture (les Saintes Écritures) mais aussi à l'archange Gabriel qui l'effarouche certainement. Elle ouvre largement les mains en signe de surprise et se trouve face au spectateur. Derrière elle, le décor d'une chambre avec vêtements et baldaquins, mais surtout un chat. Un chat « fuyant l'annonce » (si David Grossman me permet ce détournement de titre). Un chat tigré aux yeux dorés et au regard scélérat court dans la direction opposée à l'archange Gabriel. À cette époque, les chats sont perçus comme des incarnations du démon – deux papes l'exprimèrent clairement dans des bulles. Il semble donc que le chat ou Satan en personne soit terrifié par les divines apparitions. Chef-d'œuvre du maniérisme, ce tableau surprend par son parti pris (inverser la gauche et la droite dans le placement des éléments importants de la scène) et l'expression des protagonistes. Mais ce qui me frappe particulièrement c'est que Lotto a placé le chat-diable au centre du tableau de façon à suggérer sa prééminence dans la révélation. Si immaculée que cela, cette conception ?

En 1788, Francisco de Goya (1746-1828) réalise une peinture destinée à la chambre des infantes au palais du Pardo. Cette œuvre représente de jeunes hommes et un chien tentant d'attraper un chat hissé en haut d'un tronc d'arbre. L'œuvre, composée en contre-jour, décrit ce qui ressemble à une fête populaire. Le titre du tableau en espagnol est *Gato acosado*, qui signifie « chat harcelé ». Et de fait, ce tableau nous donne à voir un pauvre chat hérissé de peur, la tête en direction du bas, feulant dans l'espoir vain d'impressionner les harceleurs, deux hommes et un chien aux yeux rouges s'exécutant devant un public de badauds. Cette scène fait partie d'une série qui s'intitule *Goûter champêtre*, un des thèmes favoris de Goya. Lors de ces regroupements populaires, la foule montre un visage joyeux et cruel. Ici, c'est un pauvre chat qui est la victime. Dans d'autres tableaux de Goya, la victime est la femme, la prétendue sorcière, ou des enfants ou des soldats démunis devant une armée qui les exécute. Le masque de la mort se promène dans les tableaux de Goya. L'ombre raconte des souffrances allant jusqu'à l'anéantissement. Ici, on devine un jeu pervers, le harcèlement d'un animal sans défense. Une scène qui a dû se passer tant de fois à toutes les époques, y compris la nôtre (*voir l'entrée « Torture »*). L'humanité est peinte dans ce qu'elle a de plus brutal, de moins grand ; enfin, on peut le dire, l'humanité dans ce qu'elle a de plus laid. Et le chat est une victime, un être objet d'une superstition négative qui fait de lui la cible parfaite de la vindicte populaire et des défoulements en tous genres.

C'est la violence que Goya capte dans ses tableaux. Comme s'il se voulait le témoin de la dureté du monde. Dans une autre de ses œuvres intitulée *Combat de chats* (*Riña de gatos*) qui fut destinée à la salle à manger du prince des Asturies au palais du Pardo, il peint deux chats postés sur un mur, arc-boutés de colère, les yeux furieux, montrant leurs dents et prêts à se jeter l'un sur l'autre. Ce que le peintre dévoile, c'est aussi la peur dans leurs regards, une peur sauvage ou humaine. L'un est noir, l'autre tigré, ce n'était peut-être pas intentionnel de la part de Goya mais ce sont deux couleurs mal perçues par les superstitieux qui étaient nombreux à cette époque. Enfin, est-ce que ces chats sont de petits diables dans la tête du peintre ? Pas forcément. Ce tableau peint pendant l'automne 1786 garde une aura mystérieuse. Considérée comme perdue en 1869, la toile est découverte dans le sous-sol du palais royal de Madrid et remise au musée du Pardo en 1870.

Si nous nous promenons au Louvre, nous pouvons tomber sur une œuvre de Jean Siméon Chardin (1699-1779) intitulée *La Raie*. Chardin présenta celle-ci en 1728 à l'Académie royale. On ne saurait dire si une raie est crucifiée dans ce tableau ou si le peintre s'amuse à représenter le vivant (à gauche) et l'inanimé (à droite) sous formes de pyramides d'aspect et de luminosité différents. La raie bée, ses organes rougeâtres pendent, sa bouche dessine un pauvre sourire. À gauche, un chat tigré et blanc à l'air endiablé, queue dressée, yeux furieux, oreilles en arrière, semble devenu fou de se retrouver dans ce lieu de ripailles de luxe, ou peut-être est-il apeuré par quelque chose qui se passerait hors du cadre. Ce chef-d'œuvre comparable aux plus beaux modèles flamands fut qualifié de « monstre étrange » par Proust qui admira « la beauté de son architecture délicate et vaste, teintée de sang rouge, de nerfs bleus et de muscles blancs, comme la nef d'une cathédrale polychrome ». Et dans ce « monstre étrange », l'élément dynamique, la particule de folie est incarnée non par un poisson – la raie –, mais par un chat.

Un tableau plus érotique, plus voluptueux, peint par Édouard Manet (1832-1883) invite un chat bien différent dans un coin du fameux *Olympia*. Au centre du tableau, une jeune femme nue dont le pied gauche est encore chaussé d'une mule regarde placidement le spectateur ; sa main gauche recouvre négligemment le pubis. Reposant sur un divan moelleux, la belle de nuit arbore des bijoux et une fleur dans les cheveux. Éclatante d'une blancheur sensuelle sur un fond sombre, la jeune femme brune semble attendre. Derrière elle, une servante noire lui présente un somptueux bouquet de fleurs. Le petit fauve noir aux yeux jaunes qui se hérisse au pied du lit, queue dressée, évoque la sauvagerie. Est-ce un rappel de la vie sexuelle d'Olympia ? On ne peut s'empêcher de penser à *La Vénus d'Urbin* (1538) de Titien qui se reposait nue avec un chien à ses pieds. Associer un chat à une courtisane n'est pas anodin. Autant le chien vous évoque illico la fidélité, autant le chat diffuse une vague impression de vice. Et c'est bien l'intention de Manet qui peint cette toile corruptrice en 1863. Jouant du contraste entre le noir et le blanc, il met en scène une demi-mondaine au charme provocateur qui se sait adulée (la preuve, le bouquet sublime) et dont le talent est symbolisé par le fougueux petit chat noir (la lubricité). Ce tableau fit scandale. Vous pensez, une femme de petite vertu qui vous regarde dans les yeux…

Le peintre belge Charles van den Eycken (1859-1923) peignit plusieurs tableaux pour la reine Marie-Henriette de Belgique qui devait affectionner les chatons à tête de peluche, à faire fondre n'importe quelle petite fille. Dans ces tableaux qui sont souvent des scènes domestiques, des minets s'amusent avec des lunettes sur un livre ouvert, sur une guitare ou une montre à gousset, ou bien ils jouent entre eux et tentent d'entrer dans un panier en osier. Le chat mignon, le petit compagnon d'intérieur se décline en plusieurs coloris, certains portent des rubans autour du cou, d'autres paressent dans des valises ouvertes. Ça joue avec des paniers à fleurs, ça griffe gentiment les tapis, enfin, tout cela est bien charmant, bien moelleux, bien agréable à regarder pour des dames de la bourgeoisie – mais pas seulement, pour nous aussi qui aimons les petites scènes quotidiennes de la vie des minous chéris. Est-ce l'idéal de la vie domestique que Charles van den Eycken veut représenter ?

Il est vrai qu'au début du XXᵉ siècle, le chat perd sa symbolique diabolique. On ne le regarde plus de la même façon. L'animal est devenu un compagnon, un ami intime. Les peintres raffoleront du chat sous tous les angles.

Quand le peintre allemand Lovis Corinth (1858-1925) peint sa jeune femme en 1904, il la représente dans une robe à fleurs, portant un chapeau de paille orné de fleurs aussi et tenant deux petits félins noirs et blancs dans ses bras. Dans ce tableau intitulé *Jeune femme avec des chats*, la lumière et le style de pose de son épouse évoquent l'impressionnisme. Les deux minets se laissent attraper et cajoler par la jeune femme avec douceur. C'est une scène de tendresse, de bonheur familial dans lequel les chats jouent un rôle, le rôle qu'on a longtemps réservé aux chiens, celui de compagnons, de contributeurs à la joie du foyer.

Regardez le portrait qu'Henri Rousseau (1844-1910) fait de Pierre Loti. On y voit l'auteur sur un fond de ciel bleu où pointe une usine crachant sa fumée et, à droite, un arbre. L'écrivain au visage sculpté, moustachu, tient une cigarette dans sa main droite. Devant lui, un magnifique chat, assis sur un tabouret, fixe le spectateur comme un lémurien redressé. Son pelage tigré est incroyablement régulier et horizontal, ses petits yeux jaunes et ses oreilles blanches font de lui ce petit lémure amusant. Assurément, un écrivain est ici mis en valeur par le douanier Rousseau mais il ne saurait être complet sans son chat.

Quand Picasso (1881-1973) représente sa muse, Dora Maar, il la peint en compagnie d'un petit chat noir se promenant sur le dossier de la chaise où elle est assise. Le tableau appelé *Dora Maar au chat*, réalisé en 1941, est devenu l'œuvre d'art la plus chère du monde. La maîtresse de Picasso, somptueusement vêtue – sa robe est d'une sophistication impressionnante (des pois, des rayures, des couleurs flamboyantes), superbement chapeautée, est bien plus qu'une amoureuse, c'est une camarade d'engagement politique et une artiste. À côté d'un de ses portraits, Picasso avait écrit à propos de Dora Maar : « chatte, Afghanistan, caméléon, ourse ». Sans doute le lien entre le félin et Dora était-il évident pour Picasso. Celle qui fut en pleurs dans des portraits du génie est pourvue de griffes et de mains inquiétantes. Ici, la jeune femme sourit et son visage resplendit. Est-ce que le chat, ce petit chat noir se promenant sur sa chaise, était une image de Dora ? Il y a, de façon énigmatique, quelque chose d'animal chez elle.

Leonor Fini (1908-1996) consacra un livre aux minets qui s'intitule *Miroir des chats.* Elle qui déclarait : « Le chat est le meilleur médiateur et le plus accessible entre nous et la nature» s'est amusée à représenter dans *Dimanche après-midi* des chats en compagnie d'enfants; prenant soin de rendre les premiers plus grands et gros – car plus importants dans la tête de l'artiste. Dans un autre tableau qu'elle intitule *Les Mutantes*, elle imagine des petites filles en train de se transformer en chats. Des matous toujours grands, gros et gras, au regard imperturbable.

Il est impossible de citer tous les artistes qui ont représenté le chat en peinture tant *Felis catus* s'est incrusté dans l'imaginaire des peintres. Soit le petit fauve est parvenu à se retrouver en un coin de toile – comme chez Gustave Courbet dans *L'Atelier du peintre* –, soit il est un thème sur lequel les artistes ont aimé réaliser des études, tels Géricault et Delacroix, soit il est au centre du tableau, sujet principal – comme chez Gottfried Mind (1768-1814), artiste suisse atteint d'autisme dont le thème favori était les chats.

Les chats et les marins

Autant l'adorable petit animal à longues oreilles est honni des marins qui ne veulent pas même prononcer le nom de lapin sur leur rafiot de peur de s'attirer le mauvais œil – il est vrai que ce lagomorphe à la bouille irrésistible tend fâcheusement à avoir la dent curieuse de cordages et autres constructions en bois –, autant le chat est le bienvenu depuis belle lurette. Le greffier, s'il n'est pas dénaturé, peut, en effet, faire la chasse aux rongeurs; les rats et souris ayant la manie de nicher dans les dépôts chauds et humides des navires, ils causent des dommages aux cordes et à la coque des bateaux (en rongeant l'étoupe qui sert à calfater), ils n'hésitent pas non plus à s'attaquer aux cargaisons d'aliments. Ces animaux peuvent aussi transmettre des maladies à l'équipage.

Les plus anciennes traces de matous dans des embarcations de bois datent de l'époque phénicienne, vers l'an 900 avant J.-C. La tradition s'est perpétuée, la Royal Navy n'ayant abandonné cette pratique qu'en 1975.

Parmi les chats célèbres honorés de la reconnaissance de l'amirauté, on peut citer Sam l'Insubmersible, aussi connu sous le nom d'Oscar. Le 18 mai 1941, Sam est à bord du *Bismarck*, fleuron de la Kriegsmarine, qui part pour l'opération « Rheinübung ». Mais le navire coule le 27 mai 1941 au cours d'une bataille navale. Cent quinze membres d'équipage survivront sur deux mille deux cents ainsi que le minet qu'on retrouve sur une planche et que les marins de la Royal Navy récupèrent à bord du HMS *Cossack*. C'est là qu'ils le baptisent Oscar.

Oscar restera trois mois sur ce bateau en mission en Méditerranée et en Atlantique nord. Le 24 octobre 1941, une torpille envoyée par un sous-marin allemand endommage le *Cossack*. L'explosion cause la mort de cent cinquante-neuf hommes. Le reste de l'équipage et Oscar qui a survécu une nouvelle fois sont transférés sur le destroyer HMS *Legion*. Le chat est emmené à Gibraltar par le navire.

Répondant désormais au nom The Insinkable Sam (Sam l'Insubmersible), le minou est embarqué à bord d'un nouveau navire britannique, le HMS *Ark Royal*, un porte-avions qui avait coulé le *Bismarck* cinq mois plus tôt… Nouvelle catastrophe : ce navire est également touché par une torpille allemande le 14 novembre 1941. Et, rebelote, Sam est retrouvé sur une planche flottante et de nouveau sauvé.

Transféré dans les bureaux du gouverneur de Gibraltar, il est alors envoyé au Royaume-Uni où il profitera d'une retraite bien méritée dans la Maison des marins de Belfast.

Des doutes demeurent sur l'identité de ce chat. Certains ont pensé qu'il s'agissait de deux chats différents. Mais, en l'absence de preuves contraires, nous sommes amenés à tirer notre chapeau au glorieux survivant à pattes de velours, au valeureux, au mythique, à l'Insubmersible Sam !

Passons à un héros de la mer de Chine, Simon. Ce pauvre minet affamé, errant sur les quais de Hong Kong, fut découvert un jour de mars 1948 par un matelot de la frégate britannique, HMS *Amethyst*. Simon lui aura fait un cinéma tel que le matelot, amusé, le fit monter à bord du bateau. Pourtant, les chats galeux n'étaient pas les bienvenus sur les vaisseaux de Sa Majesté. Le capitaine de la frégate et ses hommes en étaient encore à discuter sur la nécessité de garder ce matou que Simon, qui était descendu sur les ponts inférieurs, déployait ses talents de chasseur et remontait sur le pont, un trophée entre les dents. Les marins applaudirent et le capitaine décida de le garder.

Ce matou noir et blanc put manger à sa faim et « ne chassa plus que pour le plaisir » (cf. *Le Chat botté*). On rapporte qu'il déposait les rongeurs occis en manière de tribut sur le lit des marins et qu'il avait coutume de dormir dans la casquette du capitaine. Simon devint la mascotte de l'équipage.

Le 31 janvier 1979, les soldats de Mao Tsé-toung entrent dans Pékin. À Nankin, l'ambassade britannique est assiégée par les communistes. Simon se trouve sur le bateau dont la mission est de ravitailler l'ambassade. Mais la frégate est attaquée le 20 avril par les soldats de Mao. Comme beaucoup de marins, Simon est blessé et sera soigné à l'infirmerie. On déplore beaucoup de morts.

Le bateau n'est pas ravitaillé durant dix semaines. Comme les vivres s'épuisent, la faim hante les survivants. Simon donne alors un sacré coup de main/patte : il chasse des rats et les apporte aux humains démunis. Le reste du temps, il passe voir les blessés et leur prodigue caresses et ronronnements… Il semble que ce soutien ait été essentiel à la survie des malades.

Le 30 juillet 1949, l'HMS *Amethyst* reçoit le secours de bateaux anglais. La frégate peut repartir. Entre-temps, Simon est devenu célèbre dans le monde entier, il a même reçu plusieurs décorations pour sa bravoure, comme l'Animal Victoria Cross et la médaille Dickin, la médaille du HMS *Amethyst* et le titre original d'*Able Seacat* (« Chat marin compétent »).

L'ancien chat galeux des quais de Hong Kong eut même à son service un lieutenant promu *cat officer*. Si ce n'est pas la gloire, ça !

À notre époque, les chats sur les navires ne sont pas rares. Un amiral, ex-commandant russe de la flotte de la mer Noire, Vladimir Komoedov, assure que la présence d'animaux détend et soude les marins. En Russie, on connaît un chat appelé Sergueï Ivanovitch qui a vécu à bord du croiseur *Moskva* et a fait son « service » au grade de matelot. Il fut le premier chat-matelot intégré à la flotte militaire russe en Syrie. Il a parcouru dix-huit milles nautiques à bord dans le cadre d'une opération antiterroriste en Syrie.

Les Anglais dont on connaît l'amour des chats (*voir l'entrée « Angleterre »*) ont fait un reportage sur ce beau rouquin aux pattes de velours qui a eu l'honneur d'avoir sa photo dans le très diffusé *Telegraph*. Et, humour oblige, le journaliste britannique note que ce chat russe héroïque a un travail beaucoup plus dangereux que ses homologues de Westminster, qui occupent « la plupart du temps à rencontrer les ambassadeurs étrangers et à attraper les souris ».

La Chatte

Parler de Colette (1873-1954), c'est déjà parler des chats. Celle qui affirmait dans *Les Vrilles de la vigne* qu'« à fréquenter le chat, on ne risque que de s'enrichir » a, pour ainsi dire, incarné la félinité en littérature. D'ailleurs, elle révèle dans *La Naissance du jour* qu'« [elle] rêve qu'[elle] épouse un très grand chat ». Preuve qu'elle était bien une chatte elle-même.

Disponibilité au plaisir, exaltation des sens, bonheur du moment présent, toutes ces caractéristiques typiques de la nature du chat se retrouvent dans l'écriture de cette grande dame des lettres.

Voici une de mes premières lectures d'enfant. J'ai lu *La Chatte* quand j'avais dix ans. Quant au premier texte littéraire que j'ai découvert seule, à l'âge de huit ans, ce fut *Dialogues de bêtes*. C'est dire si Colette a compté pour moi.

La Chatte (1933) est une véritable tragédie d'amour à trois personnages comme on peut en rencontrer dans la littérature classique. Sauf que le troisième personnage de ce roman n'est pas une autre femme ou un autre homme, mais une chatte, Saha, la chatte d'Alain fraîchement marié à Camille. Il a vingt-quatre ans, elle en a dix-huit, le couple vit dans un quartier riche et prospère, à Neuilly précisément.

Tout sourit aux jeunes tourtereaux. Amoureux, ils n'ont qu'à jouir d'une vie agréable dans de grands appartements, tels des animaux bien traités. Leurs parents sont cléments et leur offrent aide et affection. On ne les sent pas pressés de travailler, il est évident que Camille n'aura pas à s'imposer ce supplice et peut-être qu'Alain est rentier, on n'en sait rien.

Dans ce petit paradis arrive Saha, la chatte adorée d'Alain. Le jeune homme connaît Saha sur le bout des griffes. Il peut distinguer chaque variation de ton dans son miaulement et lit en son chat comme dans un livre. Colette prend soin de peindre

Alain tel un chat: « Camille l'appelait du haut du perron, mais par caprice il s'abstint de répondre et gagna les ténèbres les plus sûres, en tâtant du pied le bord de la pelouse tondue. » Une attitude de rébellion et d'indépendance typiquement féline. C'est la chartreuse Saha qui reçoit d'Alain les mots d'amour les plus poétiques, les plus enivrés: « Mon petit ours à grosses joues... Fine-fine-fine chatte... Mon pigeon bleu... Démon couleur de perle... », « "Aussi belle qu'un démon! Plus belle qu'un démon", lui dit Alain. » Ou encore: « ma chatte des jardins, ma chatte des lilas et des hannetons ». À aucun moment Camille ne reçoit la moitié de ces déclarations imagées de la part d'Alain. Et l'on peut comprendre que chez la jeune femme inexpérimentée témoin de ces manifestations d'adoration, la jalousie s'éveille. D'autant que cet amour interespèces n'est pas que poétique, il semble aussi charnel: « Il voulut caresser le crâne large, habité d'une pensée féroce, et la chatte le mordit brusquement pour dépenser son courroux. Il regarda sur sa paume deux petites perles de sang, avec l'émoi coléreux d'un homme que sa femelle a mordu en plein plaisir. » En réalité, on a rarement vu amour plus passionné, plus voluptueux qu'entre Saha et Alain. Les déclarations, les promesses les plus folles au « petit puma » n'arrêtent pas. Alain est fou de cet animal un peu sauvage, et Colette en profite pour faire un divin éloge du félin indompté qui se décompose en de multiples bêtes: « Au fond du trou laissé par l'if, Saha flairait une taupe dont l'image, sinon l'odeur, lui monta au cerveau. Pendant une minute, elle s'oublia jusqu'à la frénésie, gratta comme un fox-terrier, se roula comme un lézard, sauta des quatre pattes comme un crapaud, couva une pelote de terre entre ses cuisses comme fait le rat des champs de l'œuf qu'il a volé, s'échappa du trou par une série de prodiges et se trouva assise, sur le gazon, froide et prude et domptant son souffle. »

La chatte devient une petite divinité païenne et l'incarnation ténébreuse de la sauvagerie. Elle a beau être un animal de quelques kilos, elle prend toute la place dans ce petit monde de la meilleure société. Camille n'hésite pas à l'appeler « ma rivale ».

Quand la jeune femme passe à l'acte, dans un geste fou, l'histoire prend un tour tragique.

Quid de Saha ? Qui Alain préférera-t-il ? Le suspense n'est pas si haletant. On imagine bien que, face à une idole à la fourrure tiède, une simple jeune femme ne peut rivaliser.

Avec *La Chatte*, le chat devient le compagnon (ou la compagne) préféré des hommes, une sorte de fantasme. Il n'y avait eu que Baudelaire pour écrire aussi amoureusement sur la volupté inspirée par le chat.

Choupette

Elle représente à elle seule le PIB du Tadjikistan. Elle est célèbre et parfaitement inconsciente de son pouvoir en valeur publicitaire. C'est une chatte sacrée de Birmanie sur laquelle le grand couturier Karl Lagerfeld a jeté son dévolu. Elle possède un compte Instagram et un compte Twitter, suivis par des dizaines de milliers de *followers*, joue sur sa tablette électronique, pose avec son propriétaire ou des mannequins longilignes pour des magazines de mode. On lui a confectionné un logo à son effigie. « Choupette est le chat le plus célèbre du monde », peut-on lire sur son compte Instagram. Le chat le plus riche, et le plus inconscient de l'être, également.

Mademoiselle a plusieurs noms. Son nom de naissance est « Guimauve du Blues Daphnée » (car née dans l'élevage du Blues Daphnée le 15 août 2011) ; elle est plus communément appelée « Choupette », ou « Princesse Choupette », ou encore

« Miss Choupette ». La petite sacrée de Birmanie a une tête ronde et une expression un peu naïve, mais pour ce qui est de décrire son physique, c'est Karl Lagerfeld qui y parvient le mieux : « Ses poils sont couleur neige avec quelques touches caramel autour des yeux et des oreilles. Et sa queue interminable ressemble aux plumes d'un boa. »

Papa Lagerfeld lui a même consacré un livre publié chez Flammarion en 2014 – coécrit par Patrick Mauriès, Jean-Christophe Napias et le vétérinaire Yola Horn –, sorte de journal de bord illustré de photos de la diva à moustaches prises par le grand couturier. Y sont relatés les goûts, ou plutôt les caprices de la minette de luxe. Lagerfeld lui dessine un sac à son nom et des mannequins défilent avec ce sac Chanel à la gloire de Choupette. En 2013 est même créée une collection de sacs et accessoires appelée « Monster Choupette », tout un programme.

Son propriétaire richissime lui a légué une fortune par testament. De sorte que l'étiquette « chat le plus riche du monde » n'est pas une figure de style.

Les défenseurs des animaux seront exaspérés par l'attitude schizophrénique d'un homme qui continue de créer des manteaux de fourrure pour Fenzi, alimentant le commerce de l'exploitation animale, et rentre chez lui pour offrir du saumon à son petit chat. Mais il y a tant d'histoires d'amour déraisonnables.

Churchill Winston

L'homme politique le plus spirituel, le plus influent du XXe siècle en Grande-Bretagne connaissait, aimait, collectionnait les greffiers. Il en accueillit plusieurs au 10 Downing Street durant ses deux mandats (1940-1945,1951-1955) et au manoir de Chartwell, sa résidence dans le Kent. Plusieurs photographies le montrent en train de cajoler un matou. Il leur parlait comme à des êtres humains et sans doute savait-il pardonner à un chat qui avait commis une bêtise davantage qu'à un humain. Certains de ses propos ont été rapportés, certains ont même failli déclencher des fâcheries diplomatiques, comme la fois où Churchill (1874-1965) avait une conversation téléphonique avec son ministre de la Justice quand Mickey, son chat tigré, se mit à jouer avec le fil du combiné. Agacé, le Premier ministre s'écria : « Va-t'en de ce téléphone, idiot », blessant du coup son ministre qui prit la phrase pour lui. « Pas vous ! » s'empressa d'ajouter Churchill pour dissiper le malentendu.

Quand il dînait seul, le chat avait sa place à table. Ce fut le cas de Tango, un chat roux que Churchill aimait tant qu'il lui donnait du *she*, le pronom féminin. Sir John Colville, un fonctionnaire de l'État, relate nombre d'anecdotes sur le sujet : il raconte entre autres que, durant un de ses déjeuners avec Churchill, un chat roux était assis sur une chaise à la droite du Premier ministre qui lui accordait la plus grande part de son attention. Alors que la conversation tournait autour de l'évolution critique du conflit au Moyen-Orient (juin 1941), ce n'est pas avec son convive mais avec le chat que le Premier ministre s'entretenait, essuyant la saleté que le matou avait à l'œil et lui donnant des morceaux de viande de mouton dont il regrettait qu'elle ne fût pas accompagnée de crème – les rigueurs de la guerre…

Il existe de nombreuses histoires intimes sur Churchill et ses chats. On connaît aussi cette citation : « Les chiens vous regardent avec adoration, les chats avec dédain, il n'y a que les cochons qui vous voient comme leurs égaux. » Aimer les chats ne consistait pas à idéaliser les félins mais à se réjouir de leur attitude majestueuse. Également sensible à la personnalité des cochons, Churchill aimait les présenter aux journalistes qui visitaient la ferme de Chartwell, et il signait son courrier personnel à sa femme en dessinant un porcin. L'admiration pour les porcs n'empêchait pas une tendresse, une connivence particulières pour les chats. Il est vrai qu'on voit mal un cochon aller et venir entre le mobilier délicat et les tableaux de maîtres.

Le plus célèbre chat du 10 Downing Street était le bien nommé Nelson, un matou gris à forte personnalité qui doit son nom au lieu où Churchill le vit poursuivre un chien, au siège du commandement de la marine, à l'amirauté… Ce courageux greffe méritait d'endosser le nom de l'amiral héroïque de la marine britannique. La presse se mit à commenter l'arrivée de Nelson au 10 Downing Street, déjà habité par Munich Mouser, le chat de Chamberlain. On se demanda si Munich Mouser allait abdiquer devant Nelson ou « demander l'arbitrage de la cour de justice de Sa Majesté ». Ces chats suscitaient la curiosité, ils étaient des individus quasi politiques qui méritaient l'intérêt des journalistes.

Une célèbre photo datée de l'année 1941 montre le Premier ministre penché pour caresser Blackie, le chat mascotte du HMS *Prince of Wales*, navire de la Royal Navy, devant des marins au garde-à-vous mais hilares. On a prétendu que Blackie – qu'on baptisa par la suite Blackie Churchill – avait porté bonheur à Churchill durant la guerre.

Pour son quatre-vingt-huitième anniversaire, on offrit à l'homme d'État un chat roux qu'il nomma Jock en référence à sir John Colville qu'il affectionnait. Le chat ne le quitta plus et demeura près de lui quand vint son dernier souffle. Parmi ses dernières volontés, Churchill souhaita que tous les futurs chats de son manoir de Chartwell se nomment Jock. Il y eut alors Jock II, Jock III… La liste continue.

Coëtquidan

Élie de Coëtquidan est l'un des deux personnages principaux du roman de Montherlant, *Les Célibataires* (Grassset, 1934). Ce gentilhomme breton à l'humeur assassine, retranché dans sa maison avec le « jeune » (tout est relatif) Léon de Coantré, son neveu tout aussi célibataire que lui, peste à tout va, hait le monde dans sa totalité, les hommes politiques en particulier, mais il a un péché mignon : l'animal aux griffes rétractiles. Ce bloc de granit ne s'attendrit qu'en leur présence. Il est capable de faire des kilomètres pour retrouver un chat avec lequel il a sympathisé, connaît les bonnes adresses, troquets ou restaurants où l'on peut croiser quelques petits félins. « M. de Coëtquidan jouissait d'un grand prestige auprès des chats. Il savait les caresser à la naissance de la queue, entre les pattes, etc., toute une façon de patiner les chats qui n'est guère connue que des célibataires. Il les rendait fous. » Dans une première scène très balzacienne, Montherlant le peint en misanthropie s'attendrissant soudain devant le chat appelé Minine, pour lequel il s'était angoissé, le croyant disparu. Prêt à pardonner n'importe quoi au chat qui se laisse aller à se soulager un peu n'importe où dans la maison, il se renfrogne dès que son interlocuteur est un bipède. Lue et relue depuis mes vingt ans, cette histoire de ruine familiale racontée avec le mordant de Montherlant m'a laissé un souvenir vivace. Elle relate particulièrement bien l'amour exceptionnel que peuvent éveiller les matous chez les êtres les plus sinistres.

Conte de fées

En tant que muse, le chat invite davantage à écrire un conte de fées qu'un roman réaliste. Le personnage du chat appartient à l'univers du merveilleux, du songe et de la transgression du réel : il s'adresse à l'imaginaire.

Il existe bien sûr des contre-exemples, comme *Le Chat* de Simenon. Je ne parviens pas à y inclure les textes de Colette : si ses chats sont plus vrais que nature, la puissance poétique de sa plume les apparente à des créatures hybrides, mi-réelles, mi-oniriques. Chez Haruki Murakami, c'est encore plus clair : les chats dans *Kafka sur le rivage* sont les passeurs qui exécutent cette mission, si essentielle à son œuvre, d'imbriquer l'imaginaire dans le réel, de faire communiquer le monde visible avec l'invisible. Le chat, c'est l'autre par excellence.

Diable

Vous avez bien vu votre chat au crépuscule, parfois à un autre moment, courir comme un illuminé, se rouler sur le sol avec frénésie ou chercher à attraper sa queue avec fureur comme s'il avait, ainsi que le souligne l'expression consacrée, « le diable au corps » ? Et combien la nuit semble éveiller son instinct de chasseur, lui dont les pupilles grandissent ou rétrécissent de façon spectaculaire. Et tant d'autres bizarreries qui nous interrogent. Et nous intimident. Par exemple, voir un chat en colère, gueule ouverte, incisives apparentes, grondement, hurlement, oreilles en arrière, tapi mais prêt à bondir, n'est pas un spectacle rassurant, et si l'on est un peu superstitieux, on ne demande qu'à croire que Belzébuth s'est logé dans ce corps de félin courroucé.

« Il est vrai que tout chez le chat avait de quoi inspirer à l'imaginaire collectif les plus terribles superstitions : son don de double vue, son indépendance, ses cris, les neuf vies qu'on lui prêtait… Ces croyances sont fortement véhiculées par l'Église elle-même, aussi ne faut-il pas s'étonner de voir un chat au pied du Judas de la *Cène* de Domenico Ghirlandaio, véritable incarnation de cette trahison qui s'inscrit dans l'ordre divin. Et dans le célèbre tableau de Jérôme Bosch, *Le Jardin des délices*, le chat tient une souris dans sa gueule alors que tous les autres animaux vivent dans l'harmonie édénique d'avant le péché originel. » Ainsi analysait Moncrif (*voir cette entrée*) dans son *Histoire des chats*.

L'image maléfique du chat s'inscrit dans les consciences à la fin du Moyen Âge et s'associe aux sorcières. Le peuple – mais pas seulement lui – imagine même que de vieilles femmes s'incarnent en chats ou en boucs pour se rendre au sabbat, également appelé « synagogue ». Le chat fait intégralement partie des rituels de la magie noire. L'auteur du *Champion des dames* (1440), Martin Le Franc, évoque cette métamorphose dans son ouvrage. Durant ces sabbats, les sorcières prêtent allégeance au démon qui écoute leurs requêtes comme un juge ou un avocat. Ce dernier s'incarne alors (lui aussi) en chat et en tournant autour de ces femmes leur donne leçons et conseils.

Régulièrement, on raconte que le diable se transforme en chat pour son commerce journalier avec la sorcière. Pour en avoir le cœur net, les juges de France et d'Angleterre convoquaient les femmes accusées de sorcellerie et les livraient à un harcèlement tel – une fois la femme dénudée, on scrutait une prétendue marque du diable sur son corps, marque supposée insensible à la douleur... Une bonne occasion de reluquer l'anatomie féminine – que les accusées « donnaient leur langue au chat » et accusaient leur compagnon quadrupède d'être l'incarnation du démon.

Et si le diable s'incarne en chat, ou si la sorcière qui vit dans le village s'incarne en minet furieux, c'est pour s'attaquer au nourrisson qui dort innocemment sous la mansarde. D'ailleurs, quand les parents, alertés par les pleurs du bébé, parviennent à frapper le chat qui s'enfuit, on découvre le lendemain que la vieille dame qui provoquait la suspicion dans le village est couverte de bleus… Nombre d'histoires de ce genre ont existé. La femme transformée en chatte est particulièrement présente dans les traditions populaires. La démonologie a adoré ces métamorphoses.

En Alsace comme en Allemagne, on sait que le diable mène ses affidés au sabbat dans une voiture attelée de quatre chats noirs – un thème typiquement germanique puisqu'on retrouve ce char tiré par des greffes dans le mythe nordique de la déesse Freyja (*voir cette entrée*).

D'autres récits soulignent le lien étroit entre le chat et le diable.

Toujours en Allemagne, le moine cistercien Césaire de Heisterbach (1180-1250) raconte dans ses *Dialogues des miracles* les dernières heures d'un homme riche. Autour de lui se trouvaient un prêtre aux pratiques douteuses et un diacre d'une grande douceur. Le diacre fut le seul à apercevoir des chats noirs encerclant le lit du mourant. Il cria : « Ôtez ces chats noirs, ayez pitié d'un pauvre homme. » Puis le diacre aperçut un homme noir enfonçant un crochet dans la gorge du mourant pour lui « arracher l'âme ». Preuve que le diacre avait été témoin que cet homme qui venait de décéder allait droit en enfer. L'homme noir serait la représentation du diable (selon les croyances de l'Égypte ancienne) et les chats noirs ses affidés.

Durant leurs procès, les Templiers furent accusés d'adorer Lucifer qui était censé apparaître sous la forme d'un chat… Quand on veut tuer son chat ou le maître de son chat, on l'accuse de diabolisme.

Comme l'écrit l'historien médiéviste Michel Pastoureau dans *Bestiaires du Moyen Âge* : « [le chat] a en outre la propriété de voir la nuit, ce qui est le propre des créatures infernales, tels le loup, le renard, la chouette ou la chauve-souris. Ses yeux brillent dans la pénombre et semblent brûler comme la braise. Or, la nuit, selon le commandement de Dieu, tout bon chrétien doit fermer les yeux et dormir. Ceux qui ne dorment pas se livrent à des activités malfaisantes, à des pratiques magiques, voire à des cérémonies hérétiques, tels les Cathares qui [...] font du chat (*catus*) une vedette de leurs réunions nocturnes. »

Le chat, animal nocturne, animal luciférien.

La croyance traverse les siècles et inspire les écrivains. Quand l'écrivain russe Boulgakov écrit *Le Maître et Marguerite*, il met en scène un chat énorme se tenant sur ses pattes arrière qui aurait la capacité de parler et dont le comportement se rapproche de celui des hooligans. C'est le diable en personne.

« La compagnie s'était accrue d'un troisième personnage, surgi d'on ne sait où : un chat énorme, aussi gros qu'un pourceau, noir comme un corbeau ou comme la suie, avec de terribles moustaches de capitaine de cavalerie. [...] Ivan reporta toute son attention sur le chat. Il vit cet étrange animal sauter sur le marchepied de la motrice d'un tramway A à l'arrêt, prendre brutalement la place d'une femme à qui ce sans-gêne fit pousser les hauts cris, se cramponner à la rampe et même, essayer de glisser à la receveuse, par la fenêtre laissée ouverte à cause de la chaleur, une pièce de dix kopecks. »

Regardez bien un chat, hésite-t-il quand il peut voler de la nourriture dans votre cuisine ? Ne donne-t-il pas un coup de patte quand vous approchez la main vers lui et qu'il n'est pas enclin à la caresse ? N'a-t-il pas détruit votre rouleau d'essuie-tout ? Fait tomber volontairement un objet de valeur qui s'est brisé ? Fait ses griffes sur des rideaux neufs ? Rapporté un oiseau à moitié mort ? Uriné sur le lit ?

Si ce n'est pas la définition contemporaine du diable, je ne sais de quoi il s'agit.

Dialogues de bêtes

Ce livre est un bijou. En le relisant pour en parler dans cet ouvrage, je me suis récriée sur la délicatesse de son style et sur le charme de ses inventions.

J'avais gardé un souvenir particulier de cette fiction puisque c'est le tout premier livre de littérature que j'ai lu enfant. À l'époque, j'avais été éblouie par la façon de dire (je ne connaissais pas le mot « style ») de Colette. Je découvrais ce qu'un écrivain parvient à faire avec son don d'observation, son acuité linguistique, son sens de la poésie. Oh, comme Colette parlait d'or quand elle donnait la parole au chat Kiki-la-Doucette et à son camarade canin Toby-Chien ! Quel goût pour les odeurs de feuilles et d'herbes après l'orage, quel talent de peintre surréaliste quand elle décrit « l'ombre conique des poiriers [qui] croît sur le gravier ».

Dans ce livre, la simplicité est élevée au rang de tableau, de perfection sensuelle : « Silencieux, pareils, heureux, nous écouterons tomber le jour. L'odeur du tilleul deviendra sucrée jusqu'à l'écœurement, à l'heure même où mes yeux de voyant s'agrandiront, noirs, et liront dans l'air des Signes mystérieux », dit Kiki-la-Doucette à Toby-Chien.

Ces deux quadrupèdes échangent des propos quotidiens – interrogé sur le « goût » des oiseaux, Kiki-la-Doucette rêve tout haut : « On sent tout craquer sous les dents, et l'oiseau qui tressaille, et la plume chaude, et la petite cervelle exquise… » –, commentent leur appétit (la remarque « j'ai faim » revient souvent), racontent leurs rêves et leurs désirs – une chatte de la ferme pour Kiki-la-Doucette, une jeune chienne pour

Toby-Chien, des amours qu'ils voient rarement. Ils racontent les sentiments qui les lient aux Deux-Pattes, un homme et une femme, Lui et Elle. L'homme, qui est écrivain, adore Kiki-la-Doucette qui le lui rend bien, quand Tobby-Chien est fou de sa maîtresse.

Les deux bêtes s'apostrophent, se taquinent sur les caractéristiques félines ou canines de la partie adverse. Toby-Chien : « Oh ! pour bouder, tu t'en acquittes. Moi, je ne peux jamais. J'oublie les injures. » La réponse de Kiki-la-Doucette ne se fait pas attendre : « La dignité ne t'étouffe pas. Ma parole ! Souvent j'ai honte pour toi. Tu aimes tout le monde, tu accueilles d'un derrière plat toutes les rebuffades, ton cœur est avenant et banal comme un jardin public. » Un peu plus tard, Toby-Chien : « Tu me nommes le dernier des romantiques, ne serais-tu pas le premier des sadiques ? »

Mais tout ce petit monde s'entend tout de même très bien. Ces deux « bêtes » sont rêveuses et gloutonnes, émouvantes dans leurs indignations et leur sentimentalité.

On découvre même un portrait de Colette dans une description d'Elle : « Je veux faire ce que je veux. Je veux jouer la pantomime, même la comédie. Je veux danser nue si le maillot me gêne et humilie ma plastique, je veux me retirer dans une île, s'il me plaît, ou fréquenter des dames qui vivent de leurs charmes, pourvu qu'elles soient gaies, fantasques, voire mélancoliques et sages, comme sont beaucoup de femmes de joie. Je veux écrire des livres tristes et chastes, où il n'y aura que des paysages, des fleurs, du chagrin, de la fierté, et la candeur des animaux charmants qui s'effraient de l'homme… Je veux sourire à tous les visages aimables et m'écarter des gens laids, sales et qui sentent mauvais. Je veux chérir qui m'aime et lui donner tout ce qui est à moi dans le monde : mon corps rebelle au partage, mon cœur si doux et ma liberté ! Je veux…

je veux!… Je crois bien que si quelqu'un ce soir se risquait à me dire: “Mais enfin, ma chère…” eh bien, je le tue… Ou je lui ôte un œil. Ou je le mets dans la cave… »

Dieu

Inéluctablement, les chats ont convaincu certains humains, en particulier des artistes, qu'ils étaient l'incarnation de Dieu sur terre. Ces derniers s'étaient-ils mis d'accord pour que chacun prête au chat une caractéristique du divin? Avec le recul, il semblerait qu'on puisse imaginer une conspiration entre les artistes et les félins, et un complot entre artistes pour livrer au public des preuves de la divinité de *catus*.

Évidemment, l'Égypte (*voir cette entrée*) a rendu cette divinité aussi concrète que possible.

Mais, si l'on considère que les religions monothéistes reconnaissent les mêmes «pouvoirs» à Dieu tels que l'ubiquité, l'omniscience, l'omnipotence, l'invisibilité, l'essence éternelle et l'amour, alors on est forcé de constater que le chat est doté de toutes ces caractéristiques.

L'ubiquité: qui est présent sur tous les continents alors qu'il aurait pu se satisfaire de régner sur son royaume au Moyen-Orient? Le chat savait qu'il y avait des centaines de pays à conquérir et il y est parvenu en dépit de l'hostilité qu'il a suscitée parfois.

Qui a envahi tous les domaines de l'art, de la musique (*voir l'entrée «Duo des chats»*), à la peinture (*voir cette entrée*), à la bande dessinée (*voir l'entrée «Geluck»*), au dessin animé (*voir les entrées «Fritz the Cat» et «Les Aristochats»*), au cinéma (rappelez-vous *Chacun cherche son chat* ou *Le Chat* de Pierre Granier-Deferre), et l'on ne commente même pas la présence affolante du félin sur internet. Le chat est dans toutes les têtes qui créent. À force d'avoir été le compagnon idéal des écrivains – son rythme de gros dormeur, son observation placide, sa beauté, éternelle source d'admiration, expliquent cela –, il est roi en littérature. Présent physiquement partout dans le monde, il a enrichi notre langue qui avait besoin de métaphores (donner sa langue au chat, à bon chat, bon rat, s'entendre comme chat et chien, etc.) il a conquis les esprits. Séduit, vaincu les plus délicates sensibilités.

Conquérant les cœurs, cet Alexandre le Grand aux manières délicates est devenu incontournable quand on aborde la vie domestique ou la culture. C'est-à-dire l'essentiel de la vie humaine, de sa routine à ses grandes espérances.

N'est-ce pas la preuve que le félin possède le don d'ubiquité ?

L'omniscience ? Les scientifiques reconnaissent avoir du mal à mesurer l'intelligence féline. Tentons d'en savoir plus.

À la question qui leur a été posée par le journal britannique *The Guardian* : qui est le plus intelligent entre un enfant de sept mois et un chat de sept ans ?, des scientifiques affirment que le chat saura se débrouiller si vous l'abandonnez, l'enfant ne le pourra pas. Certains ajoutent que le chat qui se méfie du bébé de sept mois prouve qu'il est intelligent : il sait qu'être traité comme une peluche est une malédiction.

Je lis un article qui aborde le thème de la mémoire du chat. Je découvre que *catus* est doté d'une exceptionnelle capacité à se souvenir des espaces et de leur territoire. Information précise : les chats possèdent trois cents millions de neurones quand l'animal le plus utilisé par l'homme pour lui rendre des services, le chien, n'en compte que cent soixante millions. Je me frotte les mains. Capable d'une meilleure mémorisation, le félin n'oublie jamais qu'il est un individu indépendant quand le chien continue de servir un être qu'il juge supérieur.

Enfin, l'intelligence du chat semble assez évidente au regard de notre considération pour lui. Nous lui reconnaissons une grande part d'intelligence pour que nous, homo sapiens, hominidés capables de raison, le traitions comme notre égal ou comme le roi du foyer. Peut-être l'observation de ses regards nous persuade-t-elle qu'il comprend et qu'il saisit l'essentiel des informations. Son attitude de moine bouddhiste nous convainc qu'il a tiré de ses précédentes vies des leçons de sagesse et ses quarts d'heure de folie ne nous font pas réviser notre avis : nous imaginons alors qu'il se reconnecte brièvement à son passé de greffe diabolique, inspirateur et incarnation des sorcières. Les yeux des chats sont fascinants : leur forme d'amande, leur ressemblance avec les gemmes de couleurs variées, la pupille mouvante dilatée puis réduite, l'acuité séductrice de leur regard. Les pupilles du chat nous envoûtent. Comme chez les hommes, la puissance du regard chez les greffiers nous persuade qu'ils « savent ». Qu'ils savent quoi ? Justement, le chat possède le savoir intransitif. Il a ce don. Il sait. Il n'a pas besoin de faire la démonstration de sa science car nous sommes émus au point d'avoir foi en son savoir.

L'omnipotence ? Si j'étais l'avocate des chats et que je tente de vous démontrer qu'ils possèdent ce don, je n'aurais pas à chercher bien loin mes arguments : avoir neuf vies, retomber sur ses pattes, susciter des passions, inspirer les poètes les plus géniaux, effrayer les papes les plus superstitieux, imposer son règne aux humains les plus civilisés de l'Antiquité (les Égyptiens).

Écoutons Colette qui donne la parole au chat Kiki-la-Doucette dans *Dialogues de bêtes* (*voir cette entrée*) : « Je me souviens d'un temps ou des prêtres en longues tuniques de lin nous parlaient courbés et tentaient, timides, de comprendre notre parole chantée. Sache, chien, que nous n'avons pas changé !» Voici l'autre personnage principal du livre, Toby-Chien, bien averti.

Dans *Le Chat Murr* (*voir cette entrée*), E. T. A. Hoffmann souligne subtilement l'omnipotence des chats en les comparant aux dieux de la mythologie grecque, et pas à n'importe quels dieux : à Cronos, le père de Zeus qui dévorait ses enfants dès leur naissance, une pratique qu'on a déjà observée chez les chattes qui viennent de mettre bas. Devant la critique, le narrateur chat raisonne : « Excellente mère, ne condamnez pas trop ce penchant. Le peuple le plus civilisé de la terre attribuait à la race des dieux cet étrange appétit de dévorer ses propres enfants ; mais un Jupiter en réchappa tout comme moi ! »

Le chat Murr devenu un Jupiter romantique, nous ne doutons plus de sa toute-puissance, quand bien même celle-ci ne s'illustrerait qu'en littérature. Existe-il un monde au-dessus de la littérature ?

Quant à Marcel Aymé, il a montré dans sa nouvelle « La patte du chat » (*voir l'entrée « Contes du chat perché »*) que le chat Alphonse, l'ami de Delphine et Marinette, des fillettes vivant dans une ferme au début du XXe siècle, avait le pouvoir de faire pleuvoir dès qu'il passait sa patte derrière ses oreilles. Agir sur le temps lui-même, sur ce que l'homme n'a jamais maîtrisé malgré toute sa technologie et son savoir, ne peut venir que d'une force céleste.

L'invisibilité. Entendez-vous un chat approcher ? Non, car ses coussinets étouffent le bruit de ses pas. Ainsi, vous pouvez oublier qu'il est là. Nombre de croyants oublient parfois la présence de Dieu.

Dieu, entité invisible. Entité puissante, s'exprimant par un claquement de tonnerre lors de la crucifixion de son fils. Il n'a daigné s'adresser directement qu'à Moïse. À Mahomet, il envoie son messager, l'ange Gabriel. Le verbe suffit à Dieu dans les religions monothéistes, qui demeure invisible.

Je constate avec ahurissement que le chat ne figure nulle part dans la Bible qui regorge pourtant d'animaux. Des ânes, des moutons, des bœufs, des sauterelles, des crapauds, des poissons, enfin, des animaux sauvages et des animaux domestiques sont cités à foison. Alors même que le chat est originaire de la terre qui a vu naître les prophètes, le Livre ne le nomme jamais. Souvenons-nous qu'on ne prononce pas le nom de Dieu dans la religion juive. Rappelons-nous que Dieu, bien qu'omniprésent dans le Nouveau et l'Ancien Testament, n'est jamais visible. *Catus* aurait-il été oublié ? Cet oubli est pour le moins étrange. Hasard ou intention ? Quel théologien aurait l'audace de trancher ? Cependant, force est de constater que cette absence « visuelle » dans le paysage est une particularité que le félin partage avec l'Être suprême.

Lewis Carroll ne s'y est pas trompé qui prête au Cheshire Cat dans *Alice au pays des merveilles* la capacité de disparaître en un claquement de doigts. Ce merveilleux chat souriant ne cesse de surprendre Alice. L'étrange matou qui tient des propos sibyllins à la jeune fille, non seulement sourit, ce qui est tout de même bien rare chez un chat, en tout cas chez les chats qui n'ont pas l'honneur d'être originaires du comté de Cheshire, mais en plus il disparaît comme par enchantement, et sur commande, s'il vous plaît. Ce qui laisse Alice comme deux ronds de flan. Le chat devient invisible aussi naturellement qu'il sait ronronner.

Le chat du comté de Chester fait également une apparition lors de la fameuse partie de croquet où des personnages en forme de cartes sont entrés en scène comme la monomaniaque Reine de Cœur qui, à la moindre contrariété décide de couper la tête de son interlocuteur. Le chat, enfin tout au moins sa tête, apparaît dans le ciel comme un Saint-Esprit. Il parle à Alice, sourit. Alice est son interlocutrice privilégiée, comme Moïse, Jésus ou Mohammed étaient des élus de la parole divine. Il disparaît en s'évanouissant et sidère l'assemblée, le Roi et la Reine compris, qui avaient donné l'ordre qu'on coupe la tête de cette créature, au grand désespoir du bourreau lequel ne savait comment trancher la tête de ce qui n'a pas de corps – comme Dieu, d'ailleurs…

L'essence éternelle. Le chien est une création de l'être humain qui a sélectionné dès la préhistoire des individus loups en fonction de certaines caractéristiques qui lui rendaient service. Le mouton n'a plus rien à voir avec son ancêtre caprin. Le chat, lui, n'a pas changé depuis les origines de sa vie sur terre dont nous ne savons pas grand-chose – sauf qu'il serait apparu durant l'Antiquité dans les communautés agricoles du Croissant fertile (*voir l'entrée « Domestication »*). Son ADN n'a pas changé depuis des millénaires, ce qui n'est pas le cas des autres animaux domestiques.

Cet étrange animal apparaît dans l'histoire humaine quand cela lui chante et l'être humain n'a aucun pouvoir sur son évolution. Le chat, malgré les persécutions subies quand l'obscurité envahissait les esprits, a survécu. *Catus* en tant qu'espèce est peut-être éternel. Rien ne nous interdit, du moins, de l'affirmer.

L'amour. Vous ne vous doutiez pas que le chat était amour ? Mais que sont ces « Viens, mon beau chat sur mon cœur amoureux » de Baudelaire et autres « Quel plus beau cadeau que l'amour d'un chat ? » de Charles Dickens, ou encore « Les chats sont des êtres faits pour emmagasiner la caresse » de Stéphane Mallarmé ? Mais aussi « Si je meurs avant mon chat, je veux qu'on répande un peu de mes cendres sur sa nourriture afin que je puisse vivre en lui », prononcé par Drew Barrymore.

Toutes ces déclarations d'amour, ces mots passionnés, voluptueux, ces promesses enfiévrées ne sont-elles pas l'expression du sentiment le plus vif, la preuve même que le chat inspire l'émotion la plus vertigineuse ? Je pense que tout est dit par la littérature. Et nous devons croire les écrivains quand ils nous disent que le chat est amour.

Puisqu'il réunit toutes ces qualités, le chat, bien que créature caressée-caressante, être de chair et de fourrure, n'est-il pas une, voire la divinité et, osons le dire, Dieu qui s'aventurerait sur terre ? Voyez-vous meilleure incarnation de Dieu pour surveiller l'humanité ? Le félin proche des hommes mais jamais familier, toujours insaisissable, possède un pouvoir unique. Et je suis convaincue que, si Dieu s'était glissé dans une forme vivante pour venir admirer Sa création, il aurait choisi celle du petit félin.

Dilemme

Pendant la petite enfance, je craignais secrètement qu'on me demande de choisir entre mon chat et ma mère. Je n'en parlais à personne mais je ne parvenais pas à résoudre ce dilemme. Le chat était une chatte tigrée que j'avais toujours connue et qui s'était même installée dans mon berceau quand j'étais nourrisson. Elle a vécu longtemps, j'ai découvert l'espèce féline avec elle. La joie éprouvée à caresser un chat qui exécute sa petite danse de charme en se frottant à nos jambes, en poussant un léger cri mêlé de ronronnement, la beauté de ses arabesques, le langage de son corps, les crises de folie intempestives sont mes premiers enseignements. Et dire qu'une voix malsaine me chuchotait de choisir entre ma mère aimée et mon chat aimé. Je n'ai jamais su pourquoi je m'imposais ce « choix de Stéphanie ». D'ailleurs, je n'ai jamais choisi.

Plus tard, il y a eu d'autres chats, d'autres personnalités avec lesquelles j'avais plus ou moins d'atomes crochus mais à aucun moment je n'ai revécu un tel crève-cœur.

J'y vois l'expression d'une pulsion sadomasochiste infantile qui prouve combien le chat a été un proche important au point de compter autant que ma mère dont je dépendais en totalité, qui était tout pour moi. Cet attachement animal m'a certainement construite telle que je suis, mi-humaine, mi-animale. Du moins, c'est ainsi que je me perçois. Il m'est parfaitement naturel d'éprouver de l'empathie pour l'humain et la bête qu'on maltraite. Il m'est impensable d'accepter que l'un soit exploité au bénéfice de l'autre.

Tout dilemme a ceci d'odieux qu'il impose un choix impossible. À la manière d'un chat, j'ai choisi de ne pas choisir, de conserver la tension fébrile du dilemme. Ce dont une espèce faible serait incapable, j'ai décidé de l'accepter et même de m'en réjouir. Si j'ose dire, j'aurais le mou et l'argent du mou. De l'humain, j'aurais le privilège d'écrire – et d'avoir ma mère aimante et dévouée. Du chat, j'aurais le reste : l'aventure, la volupté, l'impromptu et les griffes.

Je n'ai jamais parlé à ma mère de cette lubie enfantine. Il faut croire qu'elle l'a sentie, car plus d'une fois elle m'a réservé les égards dus à la gent féline.

Domestication

Plus la science avance, plus on en apprend sur la domestication du chat. La dernière découverte de taille indique que les chats se seraient domestiqués seuls. L'ADN du petit félin n'aurait pas changé pendant des milliers d'années, même après son arrivée dans nos vies. Preuve que le chat a trouvé immédiatement sa perfection et n'a pas eu besoin d'évoluer. On sait aujourd'hui que les chats ont vécu des milliers d'années près des hommes sans être domestiqués.

Les ancêtres du chat qui a pris possession de notre maison se sont dispersés d'Asie du Sud-Ouest vers l'Europe dès 4400 avant J.-C. Il y a huit mille ans, le félin a été attiré par les communautés agricoles du Croissant fertile où ses talents de chasseur de rongeurs ont été appréciés des humains, car souris et rats avaient pénétré les greniers à blé et causaient des dommages. Comme le monde est bien fait, les chats suivirent les souris à la trace et devinrent les nouveaux résidents des greniers à blé. La connivence entre l'espèce humaine et féline a commencé à ce moment. Les chats sont donc venus d'eux-mêmes, non pour jouir de l'attention des hommes, mais pour satisfaire leurs estomacs. Les félins débarrassèrent aussi l'être humain des serpents et d'autres espèces venimeuses.

L'agriculteur a très tôt adopté le chat. On a même retrouvé un squelette de chat à Chypre dans une tombe d'enfant datant de 7500 avant notre ère.

Plus tardivement, en 1500 avant J.-C., une seconde lignée de chats africains ayant régné longtemps en Égypte s'est dispersée en Europe, autour du bassin méditerranéen. Ce chat sociable et docile avait tout pour séduire l'homme qui l'emportait le long des routes commerciales terrestres et fluviales – important d'avoir un chat sur un bateau pour éviter les dégâts potentiellement mortels des rats.

La mode pour le chat égyptien s'empare du monde grec, romain et va même au-delà puisqu'on a découvert des chats dans des ports vikings de la Baltique entre 500 et 800 avant J.-C.

Il y eut donc deux vagues de domestication.

Le chat qui se prélasse sur votre canapé n'est pas un descendant du chat sauvage européen (*Felis silvestris silvestris*) mais vient d'autres horizons plus lointains, le Proche-Orient. Bien qu'il vive depuis des milliers d'années près de l'homme, son espèce reste génétiquement proche du chat sauvage, contrairement au chien qui a été profondément modifié par les humains.

L'un des seuls marqueurs génétiques de la domestication chez le chat est la couleur du pelage. Les taches et marbrures apparaissent entre 500 et 1300 de notre ère et deviennent bien plus fréquentes après 1300 en Europe et dans l'Empire ottoman. Seule trace de l'implication humaine dans l'évolution du chat. Celui-ci veut bien se vêtir d'un manteau à la mode pour satisfaire l'œil humain.

« Duo des chats »

Cette œuvre de Rossini (1792-1868) intitulée en italien « Duetto buffo di due gatti » est une mélodie parodique interprétée par un couple de chanteuses. Ce duo de sopranos accompagnées d'un piano imite un couple de chats s'adressant des miaous langoureux, puis se mettant soudain en colère avec force coups de griffe et miaulements furieux, avant de se réconcilier avec moult minauderies félines. C'est un morceau court, brillant et particulièrement drôle. On y décèle les mille nuances qui existent dans le cri des chats – et ceux-ci sont capables de véritables dialogues.

En tordant, en étirant le mot « miaou », on obtient toute une gamme de variations de sons. L'auteur du *Barbier de Séville* fait chanter séparément puis ensemble un chat mâle et une femelle – le duo est parfois exécuté par un contre-ténor et une mezzo.

Composé de trois parties – un premier mouvement lent suivi de deux autres beaucoup plus rapides – ce morceau de trois minutes et vingt et une secondes est un petit chef-d'œuvre d'originalité mais aussi une déclaration d'amour aux chats. Quand j'étais enfant, ma mère m'a fait écouter ce morceau et j'en suis restée ébaubie. Les plus grands compositeurs pouvaient donc s'amuser comme des gosses en composant de petites œuvres fantaisistes telles que celle-ci ?

Plus tard, Maurice Ravel créa sa version d'un duo de chats dans *L'Enfant et les sortilèges.* Une version plus lyrique mais moins insolente (on devine la scène de ménage dans le duo des chats de Rossini). Ces compositeurs pensaient sans doute, à l'instar d'Albert Schweitzer, qu'« il y a deux moyens d'oublier les tracas de la vie : la musique et les chats ».

Égypte

Le chat répertorié sous le nom savant de *Felis silvestris libyca*, vivant sur les bords du Nil, est le premier chat qui a daigné vivre dans les maisons des hommes, aux alentours du VIIIe siècle avant notre ère. Celui que les Égyptiens de l'Antiquité appelleront le *mau* de manière générique, « celui qui miaule », s'est installé dans ces régions fertiles où les premiers fermiers travaillaient dur pour engranger des récoltes souvent saccagées par les rongeurs. Le chat, prédateur efficace quand il s'agit de rats et de souris, fut bien accueilli par ces paysans laborieux. Les hommes, constatant combien le chat pouvait devenir leur allié en plus d'être un animal propre et élégant, s'arrangèrent pour l'attirer et lui offrirent des conditions de vie agréables. Non seulement il protégeait les silos à blé, mais il éliminait par ses chasses les rongeurs, vecteurs de maladies transmissibles à l'homme comme la peste. Il éloignait également les serpents, sécurisant *ipso facto* les foyers. Le félin devint si important dans les familles que, lorsqu'il mourait, la famille se rasait les sourcils en signe de deuil.

On peut compter sur les chats pour séduire leurs propriétaires et faire une forte impression. C'est ainsi que la déesse-chatte Bastet (composée d'un corps de femme et d'une tête de chatte) devint une figure populaire au même titre que Sekhmet, la divinité à tête de lionne. Avant de se propager à tout le pays, Bastet fut la divinité locale de la ville de Bubastis, l'actuelle Tell Basta dans le delta du Nil. L'historien grec Hérodote a décrit les grandes fêtes que les Égyptiens organisaient en son nom. Aux alentours de –850 à –30 avant J.-C., la fête de la déesse était l'une des plus célèbres du calendrier égyptien ; la cité de Bubastis se voyait littéralement envahie par sept cent mille personnes représentant toutes les couches de la société venues adorer l'effigie en granit de la déesse dans son temple. On y dansait, chantait, s'enivrait.

Hérodote témoigne : « Ils arrivent en bateau, hommes et femmes ensemble, en grand nombre sur chaque embarcation ; en chemin, des femmes font de la musique avec des claquettes, et certains hommes jouent de la flûte, tandis que les autres chantent et frappent dans leurs mains. Lorsqu'ils rencontrent une cité le long du fleuve, ils tirent l'embarcation à terre, et certaines femmes continuent leur jeu, comme je l'ai dit plus haut, tandis que d'autres lancent des insultes aux femmes du lieu et entament des danses en agitant leurs robes en tous sens. À leur arrivée, ils célèbrent la fête par des sacrifices et l'on consomme à cette occasion plus de vin que durant le reste de l'année. » Et puis : « Les chats trépassés sont apportés à Boubastis où ils sont embaumés et enterrés dans des urnes sacrées. »

La déesse Bastet est à double visage. Idole de la fécondité, souvent représentée pourvue de multiples mamelles, elle est d'une part bienveillante et protectrice, de l'autre féroce et dangereuse. À l'origine, fille du Soleil, Rê, elle devient une lionne féroce sous l'effet de la colère et massacre les hommes impies.

Son père l'aurait rappelée auprès de lui après ces carnages pour la transformer en une version plus « douce » : en chatte... Mais elle reste une combattante dans l'imagination égyptienne. Embarquée sur le bateau de Rê qui transporte quotidiennement les défunts vers l'au-delà, c'est à elle que revient la charge de couper la tête du serpent Apophis qui attaque la barque de Rê et renaît chaque jour. C'est donc grâce à elle que le jour se lève chaque matin. Cette combattante donnera plus tard naissance à la figure d'Artémis chez les Grecs, l'intrépide sauvageonne au carquois, Diane pour les Romains.

Considérés comme des messagers divins, les félins sont protégés, les tuer est interdit et puni de mort. Celui qui se rendait responsable d'un tel crime risquait de déchaîner la vindicte populaire et d'être lynché sur place par la foule en colère. Diodore de Sicile, un historien grec, rapporte une anecdote qui se situe en Égypte en 60 avant J.-C. : un soldat égyptien tua le conducteur romain d'un char qui avait écrasé un chat par accident. Le soldat n'encourut aucune peine, pas même de la part des autorités romaines.

Toujours d'après Hérodote, les Égyptiens préféraient mourir de faim plutôt que de manger leur chat. L'historien rapporte également que, lors des incendies, les Égyptiens sauvaient en premier les chats des maisons en feu.

Côté loi, on interdisait l'exportation du petit animal sacré hors des frontières.

Certains chats égyptiens étaient tellement choyés qu'ils portaient des bijoux aux oreilles, des anneaux dans le nez et des colliers de luxe. Ils étaient adorés de leur vivant, vénérés dans la mort, on leur réservait un enterrement grandiose après un deuil de soixante-dix jours et un traitement de momification. Il est même probable que ces reliques sacrées étaient vendues à des prix mirobolants afin de transmettre une requête à la divinité. Des chats étaient même sacrifiés par les prêtres pour ce commerce… Depuis le XIXe siècle, on a retrouvé des milliers de momies de chats dans le sol égyptien qui ont, depuis, été utilisées comme engrais.

Même s'il n'est pas le seul animal vénéré dans l'Égypte antique, constituée de tribus totémistiques observant le culte des animaux, le petit félin est particulièrement représenté sous forme de statuettes, sur les bijoux, la vaisselle, les peintures et le papyrus.

En l'an 390 avant J.-C., *pax romana* oblige, un décret impérial interdit officiellement le culte de Bastet.

Ce qui est étonnant c'est qu'en dépit de cette omniprésence culturelle, peu de textes parlent de chat à titre individuel, et on pense qu'à quelques exceptions près, aucun chat ne portait de nom. On les nommait de façon générique *mau*. Quand on a constaté que les chats n'obéissent pas quand on les appelle – puisqu'ils sont des dieux –, il paraît judicieux de ne pas s'encombrer avec des appellations saugrenues et de déduire que le meilleur nom pour un chat est le divin mot « chat ».

ELIOT T. S.

Thomas Stearns Eliot (1888-1965) connut la célébrité avec un long, mystérieux poème brassant les références littéraires, culturelles, religieuses et historiques : *The Waste Land*. L'homme tourmenté, tourné vers le passé de l'Angleterre glorieuse – l'époque élisabéthaine – nous apparaît pensif et inquiet sur les photographies. Sans doute cet Américain naturalisé britannique voulait-il oublier cette époque de conflit mondial et de désenchantement. Son œuvre demeure difficile, souvent obscure, volontairement élitiste, à l'image de l'auteur qui définit son style comme classique, pense royaliste et prie anglo-catholique.

Pourtant quel plaisir parcouru de frissons nous éprouvons à entrer dans ce monde dont certaines phrases continuent de résonner : *I will show you fear in a handful of dust*, « je vais vous montrer la peur en une poignée de cendre ».

Ce même Thomas Stearns Eliot, dit T. S. Eliot, écrivit un petit recueil de poèmes pour les enfants où il n'est question que de chats. Le titre : *Old Possum's Book of Practical Cats.* L'homme écœuré du monde aurait-il retrouvé la joie en donnant vie à des personnages de papier portant moustaches et coussinets ? On croise des chats aux noms quasi bibliques, tel Old Deuteronomy, ou évoquant des jeux de mots : Mr Mistoffelees (pour Mr *Mister folies*), Macavity (sans doute une association de Macbeth et *cavity*, le vide), Jellicles (pour *dear little ones* prononcé à la manière enfantine), etc. Le poète semble se repaître des noms donnés aux chats. Non seulement ceux-ci ont des sobriquets comme *The Hidden Paw* ou *Napoleon of Crime*, qui désignent Macavity, mais ils sont loin de s'en satisfaire et Eliot consacre l'incipit à un poème sur les différentes appellations des chats. Précisant que ce sujet est des plus délicat, l'auteur explique que chaque matou possède trois noms : le nom dont on l'a « baptisé », tels *Peter*, *Augustus*, *Alonzo ou James*, mais aussi un nom censé éveiller la fierté du félin, un nom beaucoup plus personnel et valorisant, et T. S Eliot d'inventer des *Munkustrap*, *Quaxo* ou *Coricopat* dont l'étymologie reste mystérieuse. Le plus beau est qu'il existe un troisième nom qu'aucun être humain ne pourra deviner, un nom qui est le nom secret du chat, que lui seul connaît… Et quand vous voyez un chat absorbé dans une profonde méditation, T. S. Eliot assure que celui-ci est happé par la contemplation de ce terme énigmatique et profondément personnel.

Chaque poème dresse le portrait d'un chat et raconte une petite histoire. Du chat Terreur de la Tamise (*Terror of the Thames*) embarqué sur un bateau et dont la réputation de bagarreur n'est plus à faire, au minet continuellement contrarié qui aurait préféré qu'on lui serve autre chose à manger, qui ne supporte pas d'être à l'intérieur si on referme la porte, et qui viendra sur vos genoux quand vous vous mettez à la couture – car rien ne lui plaît autant que le dérangement et la confusion –, ce chat nous en rappelle d'autres. On rencontre également deux greffiers inséparables vivant dans une maison bourgeoise, Mungojerrie et Rumpelteazer (des noms qui font rêver), sacripants, « comédiens habiles et acrobates », chapardeurs en cuisine du dîner des invités, briseurs de vase Ming, fauteurs de troubles en tous genres au grand dam de la famille qui ne parvient jamais à savoir lequel des deux chats est le coupable. Faux jetons, les deux coupables – qui agissent en réalité toujours ensemble – poussent le vice jusqu'à discuter plaisamment avec les *policemen*. Inoubliable également le vieux chat baptisé Old Deuteronomy, si vieux qu'avant l'accession au trône de la reine Victoria il avait déjà enterré neuf épouses... On n'échappe pas au chat embourgeoisé et amateur des meilleures tables de Londres, le célèbre Bustopher Jones, dont l'élégance n'est plus à prouver : il porte des guêtres blanches.

Ce petit recueil de quinze poèmes irrésistible et joyeux deviendra la source d'inspiration de la comédie musicale *Cats*, composée par Andrew Lloyd Webber en 1978-1979 (*voir cette entrée*).

Reste qu'on ne peut dorénavant que remettre en question nos idées reçues sur le ténébreux T. S. Eliot.

Érotisme

Le corps du chat est certainement une des raisons qui lui ont valu d'être détesté ou follement aimé. Le corps de *catus* est attirant, ses formes sont harmonieuses, ses courbes féminines appellent la caresse. Le félin vous sollicite en tendant sa tête et son dos s'arque vers vous, il répond à votre tendresse en donnant son corps d'où sort un envoûtant ronron de plaisir. Le chat fait du gringue. Il lui arrive d'être sensuellement consentant et de se détourner de vous à la seconde, comme une coquette songerait soudain à tout autre chose, ou que la caresse l'ait soudain agacé. Le besoin de se toiletter peut lui venir alors, et vous vous demandez si votre main a dérangé son pelage parfait ou si c'est votre odeur dont il doit se défaire, car elle a fini par l'incommoder. Ces attitudes féminines produisent un charme irrésistible. Le don et le retrait, le rapprochement et la distance inattendus, voici ce qui est également à la source du désir.

Au Moyen Âge, un ermite contemporain du pape Grégoire le Grand obtint du Christ de voir en songe le sort qui lui était réservé dans l'au-delà ; il découvrit qu'il serait placé au côté du pape Grégoire le Grand. Loin de louer le Seigneur de cette faveur insigne, il s'offusqua que son destin de privation, de pauvreté fût mis sur le même plan que l'existence luxueuse du pontife. Le Christ répondit qu'il avait fait plus de cas de sa chatte que Grégoire de son luxe. Il chérissait, portait contre son cœur cette chatte avec laquelle il vivait et qui était sa seule compagne. La *Vie de saint Grégoire* la décrit telle une concubine. Cette fable a été reprise par un poète carolingien, Ermold le Noir, qui termine le récit d'une façon bien plus cruelle. Grégoire roue de coups et chasse le chat qui l'aurait détourné de l'amour divin en lui inspirant l'amour de la créature – « je vois ma femme en esprit », écrira Baudelaire dans son poème « Le chat »… La métaphore de la chatte transformée en femme existe depuis l'Antiquité. On ne sera pas étonné de constater que l'image des femmes à cette époque est issue des préjugés les plus misogynes. Si la luxure est l'ennemi du chrétien, le chat qu'on aime toucher à l'envi est l'incarnation de la tentation de la chair. À l'époque médiévale, des expressions jusqu'alors réservées aux femmes se transmettent aux chats : un proverbe suggère à l'homme de battre sa femme tous les jours. Un autre affirme : « Il y a toujours une occasion pour battre son chat. » Décidément, sensualité féminine et sensualité féline sont associées et honnies par les esprits bigots. La Fontaine en a écrit une fable : « La chatte métamorphosée en femme ». Ici aussi, il est question d'un homme seul qui « chérissait éperdument sa Chatte », et de souhaiter qu'elle devienne sa compagne si le destin accepte de s'en mêler. Il est exaucé un beau matin et n'hésite pas une seconde à en faire « sa moitié », car « [il] la croit femme en tout et partout ». Sauf que pendant la nuit de noces, elle entend des souris s'affairer sur le sol et ne peut s'empêcher de bondir et de les saisir. Chasser le naturel, il revient au galop. La symbolique de la femme sensuelle, qui est une chatte au fond d'elle-même, ne s'est jamais érodée, il n'y a qu'à lire *La Chatte sur un toit brûlant* de Tennessee Williams, qui raconte le sort d'une femme délaissée par son mari et qui se languit de désir, telle une chatte durant ses chaleurs (si même le toit est brûlant...). Il existe des sortilèges amoureux impliquant le chat : soit on recommande d'enfermer un chat dans une bassine retournée pendant deux jours pour éviter qu'un mari soit infidèle, soit on affirme qu'être suivi par un chat jusqu'au seuil d'une église le jour des noces apportera bonheur au couple – superstition allemande.

Beaucoup de grands écrivains du XIXe siècle à nos jours se sont plongés avec délectation dans cette analogie de l'érotisme et du félin. Mais celui qui a été le plus amant des chats, le plus grand amoureux du petit félin, est aussi le plus important poète de langue française : Charles Baudelaire (*voir cette entrée*). Avec Baudelaire, l'amour charnel est une ode à *catus*.

Évolution

Avez-vous remarqué que les chats ont changé ? Voici que les matous vous suivent, deviennent collants. Quand vous êtes absent, vous leur manquez – c'est évident. Certes, ils restent de souples et indépendants félins comme leurs ancêtres – ne supportant que l'autorité de leur mère dont le grognement les remet à leur place – mais seraient-ils devenus des « chats-chiens » ? C'est ce qu'ont constaté nombre de « propriétaires » de félins. On peut s'interroger sur une mutation du caractère du *catus* domestiqué qui évoluerait en se rapprochant davantage de l'homme.

Autre phénomène, la « rex mutation » : dans les années 60, sont apparus dans les portées des chats à poil bouclé. On a, depuis, « fixé » la race. Originaire des Cornouailles et du Devon, en Angleterre, elle est aujourd'hui bien développée.

Le vivant est en mouvement perpétuel. Une autre mutation est apparue : le chat « loup-garou » ou chat lykoi (« loup » en grec). Apparemment la mutation est issue spontanément d'un chat domestique shorthair. Comme pour le rex, la race a ensuite été entretenue par l'être humain. À regarder, avouons-le, il est assez rebutant : il est dénué de sous-poils, dépilé autour des yeux, du nez, de la gueule, son poil chiné est épars sur les pattes. On dirait une sorte de chauve-souris mal formée. Mais les éleveurs, qui ne sont pas nombreux, sept au total, assurent qu'il est adorable. On n'en doute pas mais je reconnais que ma main n'est pas immédiatement attirée par sa fourrure étrange.

Les races de chats n'ont cessé de se développer depuis le Moyen Âge. On assiste aujourd'hui à une diversité encore plus grande des types félins. Faut-il s'en réjouir ? Oui, pourquoi pas, du moment que le gouttière (*voir cette entrée*) ne devienne pas *persona non grata*.

Flexibilité

S'il y a bien une qualité que le chat possède plus que n'importe quelle autre espèce, c'est la flexibilité. Tel le gymnaste, le félin pratique l'étirement et le rebond comme peu d'humains ou d'animaux savent le faire. Son corps élastique lui permet tout : grimper aux rideaux ou aux arbres, attraper des poignées de porte, entrer dans des cavités minuscules en se tortillant. Sauter en silence sur n'importe quel mobilier. Se couler dans un plat à quatre-quarts – au point que même des scientifiques se demandent si le chat est de nature liquide ou solide… S'asseoir dans un carton deux fois plus petit que lui et s'y sentir chez soi. Se faufiler telle une anguille entre vos jambes. Le chat est caoutchouteux, il n'y a pas d'autre explication.

Quant à sa mentalité, c'est *idem*. Le greffier s'adapte à tout. Lui qui vient d'un endroit très précis du globe, le Moyen-Orient, est présent aujourd'hui dans le monde entier. Comment a-t-il accompli ce prodige ? Par son talent. Son talent élastique. Le conquérant auparavant circonscrit aux greniers et aux locaux des boulangers s'est installé au milieu de votre lit, sur votre pull en mohair. Il fallait qu'il soit bien malin pour acquérir ces places de choix. Mais il est parvenu à se faire dorloter dans une région où il incarnait le diable plusieurs siècles auparavant. Si *catus* n'avait pas été agile, souple dans sa relation à l'humain, il se serait détourné de nous qui avons massacré ses ancêtres en compagnie de ses amies les sorcières à la fin du Moyen Âge, il nous aurait voués aux gémonies, il serait redevenu sauvage et sa vie aurait été mille fois plus dure et dangereuse. Mais seule une espèce flexible a l'intelligence de la patience et garde la volonté de prendre sa revanche le plus finement du monde.

D'ailleurs, comment expliquer la capacité du chat à incarner des personnages aussi contrastés en littérature s'il n'avait pas tant de souplesse de caractère ? À la Renaissance, le chat est perçu tel un souverain despotique et cruel (Rabelais, La Fontaine) ; à l'époque romantique, on reconnaît en lui les courbes et les lubies de la plus féminine des femmes ; aujourd'hui, on l'associe à un anarchiste ou à la figure de Bouddha. Le génie protéiforme du chat n'est plus à démontrer. Il se glisse dans les habits de personnages contrastés sans que cela nous étonne. Il maîtrise l'art de l'acteur qui change de masques avec aisance. L'acrobate est aussi un arlequin capable de varier les attitudes avec un tel naturel que la diversité s'unit en lui avec harmonie.

Fontaine Jean de La

Ne cherchez pas, le chat chez La Fontaine est toujours un animal chapardeur, fourbe, dangereux, cachant sa cruauté derrière un air de bonhomie, enfin, un personnage parfaitement négatif. Certains y sont allés de leurs explications quasi psychanalytiques (*voir l'entrée « Célèbres »*). La Fontaine aurait souffert de mauvaises expériences avec les propriétaires de chats (propriétaires au féminin pluriel). Rien de tel qu'une vexation féminine pour faire naître un ressentiment solide qui aura besoin d'un bouc émissaire.

Qu'il soit ami avec un moineau n'empêchera pas le chat de le dévorer (« Le Chat et les deux Moineaux ») ; d'ailleurs, il n'a aucun sens de l'amitié, même quand il s'entend comme larron en foire avec un renard, il le lâche dès qu'apparaît le danger (« Le Chat et le Renard ») pour sauver sa propre vie. Sa fourberie l'incite à jouer des tours aux souris, comme se faire passer pour un pendu (« Le Chat et un vieux Rat »), La Fontaine le traite d'hypocrite à tour de bras, défaut bien connu du Rat ; celui-ci a beau sauver le Chat qui était retenu dans un filet, le trotte-menu aura la sagesse de ne pas s'y fier et d'édicter cette leçon de vie qui conclut la fable :

> [...] *penses-tu que j'oublie*
> *Ton naturel ? Aucun traité*
> *Peut-il forcer un Chat à la reconnaissance ?*
> *S'assure-t-on sur l'alliance*
> *Qu'a faite la nécessité ?*

On ne peut compter sur la clémence d'un chat, nous dit La Fontaine, car les puissants règnent par la force et non par la bonté. Et d'illustrer combien la cruauté du félin, à l'image des hommes vieillissant sans gagner en aménité, ne s'affaiblit pas avec les années, « Chat et vieux pardonner ? » écrit-il dans « Le vieux Chat et la jeune Souris ».

Cependant, ce personnage sardonique obtient son plus beau, bien que sévère, portrait chez La Fontaine dans « Le Chat, la Belette et le petit Lapin ». Ici, c'est un déluge d'adjectifs aussi succulents qu'éloquents qui brossent un tableau de « sa majesté fourrée ». Ce grand seigneur de Chat à qui la Belette et le petit

Lapin vont demander l'arbitrage pour un dilemme immobilier n'est pas n'importe quel souverain. Pour mémoire, la Belette s'est installée chez le Lapin qui voudrait récupérer son logis… L'un et l'autre se rendent chez le juge à moustaches qui pourra sans doute les départager. Imaginez un énorme matou affalé sur des coussins, l'œil à moitié ouvert, susurrant, prétendant la surdité. Le fourbe est là dans toute sa splendeur : le fauve est parvenu à se faire passer pour un « bon apôtre », un « dévot ermite », un « juge », un « arbitre expert ». Ici le chat est aussi gras (« bien fourré, gros et gras ») qu'estimé, (« un saint homme de chat »). Le comble de la domination sociale. Les petits animaux, naïfs, s'approchent de celui qui porte plusieurs sobriquets : Raminagrobis (dans le Berry, « rominer » signifie ronronner ; quant à gros-bis, on devine son sens), Gripeminaud (voleur). Ils ne se méfient pas du personnage de pouvoir et sont dévorés sur-le-champ, sans rien comprendre. Tel est le chat peint en un homme puissant et cruel, menteur jusqu'au bout des griffes, manipulateur, cruel et sans vergogne. Un chat selon La Fontaine.

Foujita Tsuguharu

Un autoportrait de l'artiste français d'origine japonaise Tsuguharu Foujita (1886-1968) sans son chat n'aurait jamais connu le succès de ses toiles où on le voit poser avec un chat tigré, joufflu, le célèbre Miké. Parfois hissé sur le dos du peintre, parfois faussement discret dans un coin du tableau, Miké (« tricolore » en japonais), roule des yeux, laisse apparaître une canine dans son sourire énigmatique, se montre pot de colle, envahissant, princier. Il apporte aux tableaux de Foujita une pointe de sauvagerie, d'insolence féline, de charme comique qui les rend irrésistibles.

Celui qui sera l'ami de Picasso et de Soutine, qui sympathisera avec Renoir juste avant la mort de ce dernier, se fait connaître dans les années folles pour sa sobriété, sa minutie toute japonaise avec lesquelles il représente des femmes, des enfants ou des chats.

Son regard particulier sur les chats révèle leur grain de folie, leur capacité à jouir du confort (il peint comme personne le fameux sourire des chats au comble du bonheur), leur soyeuse sauvagerie. Ces petits bouddhas d'une tranquillité exemplaire peuvent s'éveiller de leur méditation pour fixer une proie d'un regard diabolique. Foujita est un maître quand il s'agit d'évoquer l'aspect laineux d'une fourrure de chat et les courbes de son corps harmonieux. Il n'a besoin que de quelques traits et points pour donner vie à de petits diables aux yeux ronds, insistant sur le bout des pattes, les yeux et le museau –, la retenue est son style. Parce que le chat est arabesque, c'est un sujet hyperartistique, immédiatement éloquent.

Comme Baudelaire, Foujita mêle les chats aux femmes. Et l'on voit des nus féminins sensuellement accompagnés de petits tigrés aux intentions caressantes ou carnassières. Ce qui ne peut que combler le spectateur.

Foujita se percevait-il en chat ? On le voit dans ses autoportraits assis sur sa chaise japonaise, les jambes repliées avec souplesse. Il émane de lui une finesse, une élasticité toutes félines.

Freud Sigmund

Celui qui partageait sa vie avec sa femme, ses filles (et fils) et ses chiens est l'auteur d'une phrase qui, apparemment flatteuse pour les êtres de sexe féminin et les chats, est à la fois misogyne et ailourophobe : « Les chats, les femmes et les grands criminels ont ceci de commun, ils représentent un idéal inaccessible et une capacité à s'aimer soi-même qui nous les rend attirants. »

Mais que viennent faire les chats dans le monde mental de Freud qui ne s'est jamais donné la peine d'étudier la question féline ou de recevoir un patient à griffes rétractiles ? Le préjugé serait-il une clé de l'inconscient freudien ? Allons donc, le chat serait-il aussi détestable et « attirant » qu'un criminel ou même qu'une femme ?

Comme la misogynie du créateur de la psychanalyse n'est plus à démontrer, je ne m'étonne pas de découvrir également dans son univers l'ailourophobie avec tous ses fantasmes.

Freyja

Le nom de Freyja est issu d'un terme germanique signifiant « dame » (*fru* en scandinave et *Frau* en allemand). Cette déesse majeure dans la mythologie germanique et nordique représente un des visages de la Déesse mère, avec les déesses Frigg et Skadi.

Cette amazone moitié Vénus, moitié Minerve est à la fois belle et guerrière. Une de ses caractéristiques est de se déplacer dans un char tiré par des chats. Ces animaux sacrés sont de taille imposante, tels ceux des forêts norvégiennes. D'après le mythe, ces chats seraient de couleur bleue. Ils seraient frères et s'appelleraient Thofnir et Högnir. Grands et pourvus de talents extraordinaires, ces félins seraient un don du dieu Thor qui les aurait trouvés dans la nature. Amoureuse de ces gros matous, Freyja s'en sert pour parcourir les cieux chaque jour dans son char.

La déesse accueille une partie des guerriers morts au combat – elle partage cette responsabilité avec Odin.

Le peintre suédois Nils Blommér a réalisé en 1852 une toile romantique où on voit une Freyja nonchalamment installée dans son char, entourée d'angelots et tenant les rênes attachées à ses chats. Deux minets de taille normale que le peintre représente de couleurs différentes, un gris et un brun. La divinité au visage juvénile est luxueusement habillée de vêtements brodés – la tradition veut qu'elle porte un manteau de plumes de faucon. On imagine bien sûr la « vraie » Freyja autrement : plus amazone, moins virginale.

L'animal totem de cette beauté symbole de la fertilité, de la terre et de l'amour, est la truie. Ce qui la rend encore plus sympathique.

Enfin, la trouvaille d'un char tiré par des chats ne manque pas d'originalité. Serait-ce pour souligner la force du félin ? Ou sa magie ? Encore une fois, le greffe ne manque pas à sa mission d'évoquer le surnaturel.

Fritz the Cat

Dans les années 60 à New York, un voyou de chat tigré fait les quatre cents coups et expérimente tout ce qui a fait vibrer les ados de la *Lost Generation*. Drogue, filles faciles, engagement « révolutionnaire », aventures sous forme de road trip. Fritz est un jeune Américain qui n'en peut plus de ses études, car il est temps de vivre au lieu d'ingérer de la connaissance théorique. Le minet est souvent en rut et copule avec des filles à la poitrine bien rebondie. Il est sûr que l'image des « femmes » (ici représentées par des animaux de toutes espèces) ne pouvait pas plaire aux féministes, Dans la bande dessinée ce sont des êtres mi-humains, mi-animaux, des bimbos. Pulpeuses, superficielles, impressionnables, les jeunes femmes/femelles sont les partenaires idéales du petit Américain moyen mais rebelle incarné par Fritz le Chat. Dans les squats de New York, ça fume des cigarettes qui ouvrent les portes de la perception, ça drague, ça partouze et c'est interrompu en pleine action par des policiers appartenant à l'espèce porcine.

Fritz entretient des discussions assez drôles avec des corbeaux (qui symbolisent les Noirs), ne se rendant pas compte de son vocabulaire condescendant de petit Américain blanc plein de bonnes intentions.

Aventures, voyages, les expériences de Fritz ne tournent pas bien. Il tombe en panne en plein désert, rencontre un lapin biker drogué qui l'emmène dans des soirées sordides où la compagne du lagomorphe est violemment frappée…

Mais Fritz rebondit toujours. Il est ce chat foufou prêt à déclarer la guerre au capitalisme – il répète un peu ce qu'on lui dit. Et même sur un lit d'hôpital, il est prêt à forniquer avec de belles pépées.

Le dessin animé de Ralph Bakshi *Fritz the Cat* (1972), inspiré de la BD éponyme de Robert Crump, fut le premier film d'animation à être classé X aux États-Unis. Comme quoi, un simple dessin égrillard peut réveiller les susceptibilités puritaines.

Garfield

J'ai découvert Garfield à l'âge de douze ans. De retour, un samedi, d'un cours d'anglais où j'avais reçu une note médiocre qui m'avait beaucoup perturbée, je n'avais pas le moral. Ma mère, qui rentrait justement des courses, me tendit une BD que je ne connaissais pas. Sur la couverture cartonnée était représenté un gros chat orange répondant au nom de Garfield, le héros éponyme de cette bande dessinée. Je passai l'après-midi à dévorer les petites histoires insolentes. Et retrouvai le moral.

Garfield est un chat de bande dessinée créé en 1978 par l'Américain Jim Davis : il a un physique épais, et le comportement à la fois d'un chat et d'un humain. Son aplomb, ses répliques ironiques, son charme blasé seraient sans conteste moins frappants, moins convaincants si l'animal n'avait pas cette surcharge pondérale qui a fait de lui le penseur désabusé que nous connaissons et aimons sans réserve. Paresseux, gras, égoïste, roux, c'est un chat tigré qui a une passion pour la nourriture (surtout les lasagnes) et adore dormir. Peut-être cette vie lui a-t-elle donné la force très particulière des prestigieux sumos, qui ont besoin d'un corps ample pour exister, d'un surcroît d'être. Ce chat qui se limite à peu d'activités : manger, dormir, taquiner son entourage, c'est-à-dire son maître Jon, et Odie, le chien de la maison, a parfois des manières de maître absolu, parfois des manières d'enfant, une caractéristique que l'écrivain américain Burroughs avait relevée chez les chats : « *Such human child reactions* » – « Des réactions si enfantines », écrit-il dans *The Cat Inside* en 1986. Un enfant qu'on ne restreindrait pas dans ses appétits serait un obèse et un despote. Garfield se paie ce luxe et nous l'admirons pour ça. Mais un despote peut vouloir devenir un penseur. Garfield illustre ce cas : combien de ses pensées sont devenues des phrases d'auteur ? « La paresse a un avantage : ça demande peu d'efforts », « Chaque fois que je crois avoir touché le fond, on me passe une pelle », ou « On n'échappe pas à sa vraie nature ».

La vie a ceci d'ironique qu'au lieu de rester sur un échec en anglais, je choisis, à l'âge d'entrer à la faculté, de me consacrer à la littérature anglaise et américaine. C'est peut-être ma façon de remercier le gros chat orange.

Geluck

Il s'exhibe souvent en slip blanc et arbore un ventre gras et rond. C'est dans cette tenue, sans vergogne aucune, que le Chat de Geluck, chat mais bipède, philosophe à longueur de bulles, le doigt en l'air. Parfois il daigne porter un costume coloré.

Sans doute Philippe Geluck ne s'attendait-il pas à une telle longévité pour son héros quand celui-ci parut pour la première fois en 1983 dans le journal belge *Le Soir*. Plus de trente ans après, tout le monde connaît ce Chat habile en jeux de mots, fort en logique linguistique, imparable en conclusions absurdes.

Le Chat est touche-à-tout. Il se passionne pour l'art et affirme devant une femme filiforme qui dit aimer Giacometti que lui préfère Botero, mais il s'y connaît aussi en maths : « Si un homme averti en vaut deux, un homme à moitié averti en vaut un, donc un homme à moitié averti vaut un homme pas averti du tout. » Aucun sujet ne résiste au Chat, pas même la Bible. Perdu dans les nuages, le Chat fait la leçon à Adam, accepte de lui créer une compagne appelée Ève et non Dave. Il apparaît à tout moment dans son Ancien et son Nouveau Testament, habillé d'une tunique de lin plissée, plus grecque que juive, mais passons. Le début de *La Bible selon le Chat* nous montre le Chat-Dieu marié à la Mort. Celle-ci devient jalouse en voyant Dieu aimer un mouton, qu'elle tue par dépit. Mais la passion éveille alors la capacité créatrice de Dieu qui invente pour Son amour laineux la résurrection. On découvrira le Déluge, l'arche de Noé, un peu tous les épisodes fondamentaux du Livre mais revus façon Chat.

Geluck n'a pas besoin de faire parler son Chat pour nous surprendre et nous faire sourire. Je me souviens entre autres d'un dessin représentant son fameux héros félin tenant un cornet de glace dont la boule était remplacée par une petite souris ravissante…

Gender

« Les chattes sont des mégères atypiques. Quant aux mâles, bien que râblés, ils paraissent plutôt faiblards », constate l'écrivain japonais Akiyuki Nosaka dans son livre *Nosaka aime les chats*.

Préférez-vous les chats mâles ou femelles ? Les trouvez-vous différents selon leur sexe ? La question se pose entre « propriétaires » de chats et la problématique de qui est le plus affectueux du chat ou de la chatte continue d'être débattue.

Les comportements des individus non stérilisés sont bien distincts : désir de fugue irrépressible chez le mâle en rut, miaulements langoureux et danse sensuelle de la femelle en chaleur. Mais certains affirment avec aplomb que mâles et femelles, hors période de reproduction ont des comportements différenciés. Encore faudrait-il nuancer cette appréciation selon les races de félins. Une tendance néanmoins apparaît chez les femelles : un côté névrosé, voire parfois hystérique. Une chatte aimera son humain et griffera les autres, elle sera plus sensible, nerveuse, agacée d'un geste ou d'une caresse malvenue. Quant au chat, il apparaît plus calme, mais aussi plus indifférent – j'en ai connu un qui, après s'être fait adopter en prenant possession de notre jardin, creusait le dos vers le sol pour éviter la caresse humaine, puis se masturbait sur les pulls ou les couvertures qu'il trouvait dans la maison. Mais le mâle peut aussi être, au contraire, bien plus affectueux... Remarquez que physiquement, mâle et femelle sont souvent assez contrastés : le chat peut avoir une énorme tête de matou quand la femelle est généralement plus fine. Difficile d'y voir clair. Disons qu'il y a chez les chats à peu près le même pourcentage d'individus aux caractéristiques sexuelles marquées que chez les humains. Sans doute. Ça permet quelques affinités électives. Personnellement, j'aime beaucoup les énormes bouilles des mâles, à condition qu'ils soient réceptifs à la sensibilité humaine. Mon dernier chat était de ce genre : grand, musculeux avec une tête de matou, ce tigré était devenu une sorte d'âme sœur. Nous vivions ensemble et nous nous comprenions intimement. Très calme toute la journée, il devenait nerveux à l'heure du repas surtout si je le servais en retard. Il montait alors sur la table et faisait tomber tout ce qui s'y trouvait… On ne plaisante pas avec les choses aussi sérieuses que la nourriture. Chasseur redoutable, il devenait un danger sur pattes dans un jardin. Hélas, il est mort jeune, atteint d'une maladie grave, mais je garde maints souvenirs de notre complicité. Entre autres, un jour que nous étions dans le jardin de ma famille, le chat aperçut un merle picorant sur le sol. Je l'ai senti se raidir. Je l'ai appelé (« Manolo ! »). Le greffier m'a regardé et – avait-il compris que je ne voulais pas qu'il tue l'oiseau ? – il n'a pas bougé. J'ai interprété cette abnégation comme un signe de notre amitié, et je continue de croire que mon interprétation est bonne. Manolo est mort quelques semaines plus tard.

GLOUTON

Si le chat a longtemps eu comme « fonction » de chasser les souris – c'est d'ailleurs grâce à ce talent qu'il entra dans les foyers –, sa gourmandise a souvent été perçue comme un signe de malveillance.

« Il n'y mit pas la patte / il y mit le menton », dit la chanson du XVIIe siècle qui raconte qu'une bergère prépare des fromages avec le lait de ses chèvres quand son chat, ignorant ses admonestations (on le comprend), se permet de goûter à ces produits crémeux. En colère, elle tue son chaton et ne regrette aucunement son geste.

Au chat : les souris ! intime-t-on au Moyen Âge. Le bon sens populaire à l'époque médiévale ne ménage pas *catus*. Un conte de l'époque relate qu'enfermé dans une réserve de protection contre les rongeurs, le chat avait croqué les souris, puis s'était attaqué au bacon, à la tourte et au fromage.

Dans un tableau de Jérôme Bosch, *Le Jardin des délices*, l'homme et la femme vivent nus dans l'abondance. Autour d'eux : toutes sortes d'animaux dont certains exotiques (girafe, éléphant) vivent en paix et se côtoient. Une seule exception : le chat. Au premier plan, le greffier tient une souris dans sa gueule comme si l'Éden n'avait pu abolir sa férocité et sa gloutonnerie naturelles. Un détail du tableau qui signifie que le chat serait prêt à rompre l'équilibre de la perfection divine ?

Conséquence de la gloutonnerie : les chats grossissent. Et le poids n'est pas un frein à leur gourmandise. Tel Garfield, le chat espiègle de la bande dessinée signée Jim Davis. Cet antihéros sur quatre pattes ne pense qu'à manger des lasagnes et à dormir – le reste du temps, il daigne chahuter le chien Odie et faire des remarques à Jon, son esclave-propriétaire.

Le gros chat est un personnage charismatique. On le retrouve dans nombre d'œuvres. Souvenons-nous de La Fontaine décrivant Raminagrobis, le chat seigneur à qui la Belette et le petit Lapin demandent l'arbitrage dans « Le Chat, la Belette et le petit Lapin ». « C'était un chat vivant comme un dévot ermite, / Un chat faisant la chattemite, / Un saint homme de chat, bien fourré, gros et gras, / Arbitre expert sur tous les cas. »

En voici un qui n'a pas mis qu'un peu son menton dans la crème… Et qui, comme par hasard, fait également preuve de cruauté. Un vice en appelle d'autres.

À une époque très religieuse comme l'était le Moyen Âge, où la morale chrétienne vilipende le moindre péché, la prétendue gloutonnerie des chats les place du côté du mal, d'autant qu'ils sont perçus comme voleurs de la nourriture des hommes.

Bien plus tard, chez l'écrivain japonais Natsume Sôseki (1867-1916), le gros matou que le narrateur (lui-même un chat) rencontre est non seulement énorme mais bête et grossier. Un chat qui a comblé sa gourmandise n'a plus à faire d'effort pour redevenir vif et prédateur. Il est devenu un jouisseur qui ne s'embarrasse pas de vertus intellectuelles.

Je repense avec amusement aux nombreux « J'ai faim » prononcés par Kiki-la-Doucette et les autres personnages félins dans *Dialogues de bêtes* (*voir cette entrée*) de Colette. À un moment, une vieille chatte s'écrie : « Qui a parlé du dîner ? *(Elle bâille.)* Dès qu'on parle de manger, j'ai faim : c'est nerveux. »

Les matous sont bien des obsédés de la nourriture.

Nous sommes quelques-uns à trouver que la gloutonnerie des chats les rend sympathiques. Comment ne pas se sentir en empathie avec eux et leurs tendances goulues ?

Gouttière

« Chat de gouttière : chat de race indéterminée et commune », dit le dictionnaire Robert 2016. En langage actuel, c'est ce que les vétérinaires appellent « chat européen ». Voici qui laisse rêveur. Ces chats des rues n'existent donc pas en Amérique, en Asie, en Australie ? Les toits, là-bas, comportent bien des gouttières. Alors pourquoi les chats errants ne méritent-ils pas ce nom ? La raison n'en est sûrement pas morphologique : rien ne ressemble davantage à un chat des rues d'Europe qu'un chat des rues américaines.

Mais quoi de plus européen que nos bonnes vieilles figures de style ? Appeler un chat du nom plaisant de gouttière, c'est une métonymie, c'est-à-dire un procédé de langage par lequel on exprime un concept au moyen d'un terme désignant un autre concept qui lui est uni par une relation nécessaire. Le monde entier recourt sans le savoir à des métonymies, il n'y a guère que les Européens qui trouvent important d'en être conscients et d'enseigner l'art de ces figures de rhétorique. Notre vieux continent reste le plus littéraire qui n'hésite pas à inventer une catégorie infondée, le chat européen, pour donner une réalité à un procédé stylistique. M'inspirant de Rimbaud, je pourrais dire : « Si j'aime un chat d'Europe, c'est le gouttière... »

Guérison

On ne compte plus les témoignages de personnes sauvées par leur chat, de la petite fille qui n'a voulu s'ouvrir au monde qui l'entourait qu'à partir du moment où elle a vécu avec son chaton, aux adeptes de la pratique du yoga « en duo avec son chat », sans compter la célèbre ronronthérapie. Après le chat utile dans les maisons grâce à ses dons de chasseur, voici le chat thérapeute nécessaire à nos contemporains.

Le ronronnement apparaît très tôt chez les chatons qui, après l'avoir entendu dans le ventre de leur mère, l'ont exprimé quand ils se sont mis à téter. Il vise à « optimiser son bien-être » et n'est donc pas destiné en priorité à vous qui le caressez. Le phénomène est même assez étrange, car s'il demeure « le privilège des félins », comme l'écrit Colette, on ignore d'où ce son provient exactement. Les scientifiques ont longtemps pensé que son origine est une vibration du larynx. Mais les chats ayant subi des laryngectomies ronronnent toujours. On suppose aujourd'hui que les mouvements sanguins dans la veine cave provoquent ces vibrations sonores. Mais cette particularité des félins demeure encore mystérieuse.

Pourquoi le ronronnement (nous et lui) fait-il du bien ? Ce sont des sons très graves situés sur des fréquences de vingt-cinq à cinquante hertz, capables de produire des bienfaits sur la santé. Chez les compositeurs, les basses fréquences sont utilisées pour créer les émotions les plus profondes. De même, les basses fréquences servent aux médecins orthopédistes pour accélérer le processus de cicatrisation des fractures par exemple.

Le ronronnement agit directement sur le siège des émotions-souvenirs de notre cerveau (hippocampe-amygdale) et déclenche une production de sérotonine, l'hormone du bonheur, liée à la qualité de notre sommeil et de notre humeur. Les vétérinaires ont constaté que les chats se remettent trois fois plus vite que les chiens des séquelles d'une intervention chirurgicale grâce aux vertus du ronronnement.

Pour ceux qui n'ont pas de fauve à portée de main, des éditeurs malins ont commercialisé des CD de ronronnements associés aux livres sur les chats. Si ce n'est pas là du fétichisme…

Certains pensent qu'adopter les attitudes du chat peut aider à se maintenir en bonne santé. On découvre des manuels de « développement personnel » inspirés par les chats, tel le livre *Agir et penser comme un chat* de Stéphane Garnier (né en 1974). Après une longue observation cet écrivain nous donne quelques conseils inspirés des us et coutumes de son greffier : préserver notre calme en évitant de ruminer, entretenir le confort de notre maison et se prélasser chez soi – ce que pratiquent les Danois qui prônent le *hygge*, une recette du bonheur qui consiste à s'enrouler dans des vêtements de laine devant un feu de cheminée en buvant un chocolat chaud entre amis –, cultiver l'« art du secret », prendre son temps, en particulier au réveil comme le font les félins qui bâillent et s'étirent avec sensualité. En outre, le chat aux antennes hypersensibles n'aurait pas son pareil pour fuir les personnalités toxiques. Ce maître yogi à la flexibilité soyeuse cultive également l'opportunisme – un pull en cachemire un instant posé sur le lit attirera comme un véritable aimant le chat amoureux de l'extrême moelleux pour ses siestes. S'il est bien possible que son égoïsme lui permette d'optimiser son bien-être, *catus* sait aussi manifester sa gratitude en caressant de sa tête et de son corps l'humain qui prend soin de lui.

Le monde contemporain, qui cultive l'hyperactivité, engendre stress et violence, mérite qu'on lui réponde par la sagesse des chats. Ce n'est certainement pas une philosophie mais une attitude conjuguant souplesse et quête de bien-être ; il est urgent que nous devenions nous-mêmes des animaux détendus et bienheureux.

HAÏKUS

Un artiste japonais nommé Minami Shinbô (né à Tokyo en 1947) a publié un petit livre charmant, *Nekokaï,* traduit en français par *Haïkus du chat.* Sorti en librairie en 2013 au Japon, il a connu de multiples réimpressions. Aujourd'hui il est accessible en français aux éditions Picquier poche (2017).

L'objectif de Minami Shinbô, qui est également essayiste, illustrateur et mangaka, est de nous livrer des haïkus « écrits par un chat ».

Dans un court préambule, il explique avoir composé ces petits poèmes de trois vers en se demandant ce qu'il en serait s'il était un chat. « Ce sont donc presque des haïkus de chat, des chakus. »

C'est ainsi qu'il commence son recueil par une allusion aux fleurs de paulownia, référence délicate à la poétesse Murasaki Shikibu dans *Le Dit du Genji* et à la poétesse Sei Shônagon dans *Notes de l'oreiller*, en l'an mille... :

Les fleurs de paulownia
Insensiblement
Se retrouvent ensemble

Cet arbre est hautement symbolique en Chine, associé aux légendes du phénix qui ne se pose que sur cet arbre. Il représente la destinée humaine. Dans ce haïku, le chat observe les fleurs mortes mais continue de les voir vivantes, « dans un mouvement de rassemblement ».

Autre haïku :

Qu'il fasse beau demain !
Souhaite quelqu'un…
Petite poupée chasse-pluie

Ici, nous nous trouvons dans l'atmosphère d'une campagne japonaise qui a été arrosée par une longue pluie. Les habitants tentaient de s'assurer un sort clément en accrochant à la porte d'entrée ou aux fenêtres une petite amulette en bronze. Elle devait faire venir le soleil.

Le chat est là pour observer les faits de la nature et les comportements humains.

Troisième haïku :

Toute une étendue
D'herbes gratouille-chat
Pour moi tout seul

Voilà bien le petit félin heureux de son bonheur solitaire. L'herbe que Minami Shinbô nomme *nekojarashi* est la sétaire. Aussi appelée « attrape-abeille » ou « gratteron ». Le poète a créé un néologisme inspiré du félin qui, comme chacun sait, apprécie de croquer des végétaux de temps en temps.

L'automne s'avance
Pour un chat quelle œuvre d'art !
Bonite séchée

Il semblerait que ce haïku fasse référence à un très célèbre tableau de Hishida Shunsô qui représente un chat noir à l'attitude sauvage, posté sur une branche d'arbre en haut de laquelle apparaissent de splendides feuilles brunies par l'automne. Le tableau tout en longueur est une apparition impressionnante. Cette œuvre est considérée comme étant à l'origine de la peinture japonaise moderne.

Dans l'immensité du ciel
Pas un nuage
La lune en plein jour

On voit aisément le chat assis, tout à sa contemplation du ciel, appréciant que rien ne vienne perturber ce moment de sérénité, hormis l'astre lunaire.

D'autres haïkus montrent le chat plus facétieux et sont accompagnés d'illustrations pleines d'humour.

Les enfants ! À table !
Crie la maman
maquereaux grillés

Et l'on voit le matou arriver subrepticement à l'appel et tendre sa patte vers les poissons posés sur la table…
L'instant d'après :

Voleur ! Au voleur !
Mais il gagne de vitesse
La voix qui tempête

Le forfait a eu lieu, le mistigri galope, le maquereau grillé dans la gueule.

Parfois, c'est simplement poétique :

Jour de l'an au lit
Bruit d'un moineau
Qui picore mes rêves

Ou encore, cette illumination, non rimbaldienne mais féline :

Vapeurs printanières
Dissoute dans l'air
La lumière du soleil

Parfois si contemplatif qu'il évoque Bouddha :

Sur les cerisiers
En fleur la tache noire
D'un corbeau

Le recueil est une réussite poétique qui rend hommage, comme il se doit dans cet art, à l'évanescence des choses. Le dessin de Minami Shinbô est gracieux et subtilement coloré, on y retrouve maintes références à la peinture japonaise.

HÉRALDIQUE

Une langue artistique s'est développée du XIIe au XVIIe siècle dans toute l'Europe : l'héraldique, la science des armoiries. Les armoiries se devaient de désigner des personnes, plus souvent des lignées (le blason pouvant être transmis par héritage), et des collectivités humaines. Elle apparaît dans la chevalerie et se développe au sein de la société.

On ne sera pas étonné d'apprendre que *Felis catus* tient une bonne place sur les blasons. Il est souvent associé au léopard et, comme lui, se présente de face et passant, le corps de profil mais la tête de front. J'apprends dans l'*Alphabet et Figures de tous les termes du blason,* de L.-A. Duhoux d'Argicourt (1899) que, lorsqu'il est rampant, il est qualifié d'« effarouché » et, s'il fait le gros dos en se hérissant, il est décrit comme « hérissonné ». Perçu comme un animal épris de liberté, le chat était considéré comme « vigilant, adroit, léger, souple et nerveux ; c'est pourquoi il indique des guerriers qui défendent si bien les places où ils commandent qu'il est impossible de les réduire sans courir de grands dangers ». Le chat, prédateur, protecteur de son territoire, saura défendre sa cité contre l'envahisseur.

Selon sa posture et le fond sur lequel il est représenté, le symbole varie. S'il apparaît guettant, il évoque la finesse et la précaution. D'argent sur champ de gueules (rouge), il devient le guerrier attentif à réprimer l'insolence des ennemis. D'or en champ d'argent, il symbolise « la liberté de pensée » – d'après le *Manuel héraldique ou Clef de l'art du blason*, par L. Foulques-Delanos (1816). Sur champ de sinople (vert), on dit qu'il incarne l'amour de la liberté.

Me voilà prête à créer mon propre blason. Du haut de mon château fort, je me vois hisser un drapeau orné d'un chat hérissonné d'or sur champ d'argent. C'est bon de rêver, parfois.

Highsmith Patricia

La reine du thriller psychologique (1921-1995) partageait sa vie avec des chats et déclarait : « Un chat fait qu'une maison soit un foyer. Un écrivain n'est jamais seul avec un chat, tout en étant suffisamment seul pour pouvoir travailler. Qui plus est, qu'il déambule ou qu'il dorme, le chat est une œuvre d'art vivante, en perpétuelle métamorphose. »

Elle écrivit des nouvelles, publiées entre 1966 et 1979 aux États-Unis, dans lesquelles le félin joue un rôle essentiel. Trois nouvelles ont été réunies dans un recueil publié uniquement en France par Calmann-Lévy en 2007 : *Des chats et des hommes* – allusion espiègle au roman de Steinbeck *Des souris et des hommes.*

Dans *Un truc rapporté par le chat* (*Something the Cat Dragged in*, 1979), le chat Portland Bill, livre, par la chatière de la maison, des doigts humains encore attachés à un métacarpe déchiqueté, alors qu'on dispute une partie de Scrabble au salon. Après un moment d'horreur, les résidents tentent d'en savoir plus sur le propriétaire de ces doigts. Ils analysent les initiales gravées sur l'alliance trouvée à l'annulaire. Michel, un journaliste et critique littéraire, enquête auprès du voisinage. Un homme a disparu dans le comté – un travailleur agricole. L'employeur est interrogé et se révèle en savoir un peu plus que prévu sur l'assassinat… Highsmith montre subtilement le comportement du chat, fier d'apporter son trophée à ses propriétaires, observateur des réactions humaines, cherchant à retrouver sa « proie » dans n'importe quelle pièce de la maison. Un comportement que seule une connaisseuse des chats pouvait décrire.

Dans la deuxième nouvelle intitulée *Une maîtresse pour deux* (*Ming's Biggest Prey*, 1975), Highsmith aborde le thème colettien de la jalousie entre humain et animal. À la différence du roman de Colette *La Chatte* (*voir cette entrée*), c'est l'homme, Teddie, qui est jaloux du chat Ming, tellement aimé par sa maîtresse Elaine. Une première scène sur un voilier éveille en nous le souvenir de *Monsieur Ripley* et de son équivalent cinématographique, *Plein soleil*, de René Clément, car Teddie tente de jeter le chat par-dessus bord, mais le félin se méfie et lui échappe. Ce petit jeu va continuer entre l'amant secrètement jaloux de l'animal et Ming, conscient du danger que lui fait courir cet homme. Combat de David contre Goliath perçu par le David-chat, dont les scènes sont racontées du point de vue du greffier qui ne reconnaît que certains mots (par exemple « faim »...) et qui observe à hauteur de chat le grand bipède assassin potentiel. Si le chat était tué, cette nouvelle ne serait pas signée Highsmith. Ce ne serait qu'un fait divers. La romancière américaine n'a pas oublié que, dans l'ordre des espèces, c'est le félin le prédateur, et non le grand singe humain.

La dernière nouvelle du recueil qui s'intitule *Le nichoir était vide* (*The Empty Birdhouse*, 1966) est le texte le plus étrange des trois. Edith aperçoit une drôle de bête dans le nichoir déserté du jardin. Cet animal indéterminé à l'expression revêche fuit devant la présence humaine mais intègre la maison. « Quel était l'animal qui ne faisait absolument aucun bruit, même en se déplaçant sur du parquet ? » Edith s'en ouvre à son mari Charles et croit voir dans ce spécimen un « yuma », alors même que ce nom d'animal n'existe pas. Le couple décide d'« emprunter » la chatte d'un voisin pour chasser l'intrus...

Les chats inspiraient la romancière qui leur dédia également des poèmes et un court essai sur *L'Art de vivre avec les chats*, qui révèlent son don pour l'observation du félin. Pourquoi Patricia Highsmith aimait-elle les chats ? « J'aime les chats parce que ce sont des fauves miniatures assez faciles à vivre, élégants, silencieux et décoratifs, qui se baladent en liberté dans la maison. » Elle les trouve « espiègles, malgré leur expression pince-sans-rire » ; ils réunissent les qualités de l'ami idéal de l'écrivain : « Les chats offrent aux écrivains quelque chose que les êtres humains ne savent pas offrir : une compagnie qui n'est ni revendicative, ni dérangeante, et qui est aussi apaisante et changeante qu'une mer calme. »

Quand on parcourt l'œuvre de la romancière, on ne cesse de trouver des allusions à la prédation, aux pulsions animales de l'homme ou aux pulsions humaines de l'animal. Un autre de ses textes s'inspire du monde animal : *Le Rat de Venise et autres histoires de criminalité animale à l'intention des amis des bêtes* (1977) – *The Animal Lover's Book of Beastly Murder* (1975), Highsmith s'interroge sur la capacité des animaux à devenir des criminels ou des justiciers. L'animal est loin d'être bête et la romancière est loin de ne pas comprendre les chats de l'intérieur.

HUE JEAN-LOUIS

Le Chat dans tous ses états est la première œuvre de l'écrivain et journaliste Jean-Louis Hue (né en 1949). Ce livre est une merveille d'écriture et de connaissances sur le chat. L'auteur aborde le félin sous tous les angles, scientifique, artistique, historique, littéraire. Peu d'écrivains ont été aussi inspirés que Jean-Louis Hue. Ce livre, on peut le dire, est un petit chef-d'œuvre stylistique. Débutant dans les étoiles avec la constellation du Chat, il se termine par un récit autobiographique de déambulation interespèces réunissant l'écrivain et ses chats. De la page 7 à la page 221, le lecteur se promène de l'île de Man où les minets n'ont pas de queue, au Japon où le petit félin est la source d'inspiration d'artistes immenses tels Kuniyoshi et Hiroshige. Hue s'attardera sur les qualités physiques et poétiques du petit fauve : « D'un point de vue strictement géométrique, le chat est une figure simple. Quelques grandes lignes le définissent, une droite et une infinité de courbes qui s'articulent entre elles et se recombinent, avec la souplesse des calligrammes. Sa marche tient en un trait. » L'auteur s'intéresse également aux biologistes et autres éthologues qui percent progressivement les mystères de *catus*, tel Paul Leyhausen, un chercheur allemand qui a observé les chats durant quarante ans : « Nul éthologiste au monde n'a tenu aussi longtemps face au chat. » D'ailleurs : « L'éthologie est un puzzle géant. » Le chercheur Leyhausen pèse, chronomètre, calcule et date tout : le nombre de souris occis par un chat selon telle variable de temps, la façon dont un félin (un ocelot, en l'occurrence) bondit sur une bouteille d'eau minérale et en mord le bouchon, ce qui rappelle au chercheur cet autre ocelot au moment où il saisissait un lapin… Hue de renchérir sur le travail de l'éthologue : « C'est une œuvre riche et scrupuleuse, écrite avec une sécheresse de procès-verbal, sans souci de vulgarisation. »

On lit sous la plume de Jean-Louis Hue des descriptions irrésistibles des faits et gestes du chat, par exemple sa gymnastique matinale constituée d'étirements et de bâillements : « Le torse se bombe, la queue se rapetisse autour de lui. Trop d'efforts peuvent nuire. Le chat s'assoit. C'est un narcisse qui replie ses pétales, puis se régale de sa propre rosée. La toilette commence. » Quel petit miracle d'observation et de profondeur poétique ! On se régale de ces mots qu'on aurait pu découvrir dans un texte de Colette, ou de ces odes au félin chasseur, de ces hymnes à son corps élastique et à sa patience légendaire : « Certains archers japonais retiennent leur tir durant de longues minutes. Leur méditation terminée, la flèche part. Elle se décroche de leur arc comme la masse de neige tombe de la feuille de bambou. Ainsi chasse le chat, qui laisse l'attraction terrestre tuer sa victime. » Sa nature sauvage est autant célébrée que sa beauté : « […] le chat joue sur un double tableau : regard de fauve au centre et regard de victime de chaque côté. Il y a du lion et de la gazelle dans son œil. »

Abordant le chat dans l'Histoire, Jean-Louis Hue écrit net : « Tout s'éteint au Moyen Âge », « Le Moyen Âge a assorti la destinée du chat noir à sa robe. » Et de revenir sur les délires sabbatiques, sur les supplices de la Saint-Jean (jour où l'on brûlait des chats en France), et sur la ville de Metz où l'on enfermait des chats dans des sacs qu'on balançait dans un feu. Ypres aussi, en Belgique, où l'on fêtait chaque deuxième dimanche de mai en jetant des chats du haut d'une tour. Tournons la page.

Selon Jean-Louis Hue, « le chat se range volontiers du côté des morts », on le croise fréquemment dans les cimetières, où il est tout aussi muet qu'une tombe. Les chats des cimetières peuvent compter sur les vieilles dames qui ont un cœur et qui n'accepteraient pas qu'ils meurent de faim.

Hue fait l'éloge d'une incroyable capacité du chat à se fondre dans n'importe quel objet concave : « Dans un tiroir, il occupe le volume d'une pile de mouchoirs et, dans une chaussure, il s'amenuise jusqu'à épouser la forme d'un embauchoir. Encore un peu d'assouplissement et il tiendra dans un vase à violettes. » Vous l'avez compris, le chat peut tout faire, il est un peu le génie capable d'entrer dans la lampe d'Aladin, et Jean-Louis Hue ne cesse de s'en extasier.

Dans un autre chapitre, l'écrivain aborde la série de lois humaines qui compliquent la vie du chat errant : par ses feulements amoureux ou les marques de son urine, il contrevient à l'article 29 du règlement sanitaire de la ville de Paris (il trouble la salubrité et la quiétude des habitations). Quant à l'article 143 B du même règlement, il interdit à toute personne de nourrir des bêtes errantes. Et de rappeler que les chats errants devinrent des chats libres quand la République fut proclamée…

Évidemment, l'écrivain ne pouvait pas manquer de rendre hommage à ses illustres pairs. Et de citer les hommes et femmes de lettres amoureux des chats : « Chateaubriand chouchoute son petit Micetto, que le pape Léon XII lui a légué. Barbey d'Aurevilly, quand il s'absente de chez lui, envoie à Démonette des caresses par courrier postal. Mallarmé embrasse toute la journée le nez rose de Neige », qui « efface ses vers avec sa queue » et « furète sur sa table pendant qu'il écrit ». La liste, bien sûr, continue.

L'ouvrage, élégamment érudit, s'aventure vers les références connues ou confidentielles avec une grâce, une originalité, qui rappellent la démarche même du chat. L'erreur serait de passer à côté.

Humour noir

Dans le dernier livre de Bernard Werber, *Depuis l'au-delà*, je tombe sur cette blague : un assassin, un nécrophile et un masochiste se retrouvent. Ils voient passer un chat. L'assassin déclare : « Tiens, un chat ! J'ai envie de le tuer. » Le nécrophile enchaîne : « Bonne idée, comme ça, je pourrai me le faire. » Le masochiste dit « Miaou ! »

Sans commentaire.

Imprévisible

Cave canem, « Attention, chien méchant », autant de mises en garde qui ont la vie dure. Personne ne songerait à dissuader les cambrioleurs par l'écriteau : « Prenez garde au chat ». Et pourtant, j'ai vu plus d'un chat réserver aux visiteurs un accueil en comparaison duquel celui d'un bull-terrier paraîtrait sympathique. Dès lors, pourquoi n'a-t-on pas institutionnalisé le chat de garde ? Pour une raison simple : le chat est parfaitement imprévisible. Celui-là même qui avait agressé le facteur peut l'ignorer superbement le lendemain, voire lui adresser un regard presque aimable. Le chien obéit à son programme, qu'il soit d'instinct ou de dressage. Le chat n'obéit à rien et se contente de suivre son bon plaisir, qu'il semble remettre en question à tout instant. Son unique systématisme consiste à être asystématique.

Quiconque tente d'établir des généralités sur son comportement en sera pour ses frais. « Il suffit d'affirmer quoi que ce soit pour que cela cesse d'être vrai », disent les mystiques, qui trouveront une illustration de ce précepte dans l'observation du chat.

Cet aristocrate ne supporte pas qu'on croie le connaître, fût-ce pour des détails comme son coussin préféré. Cela se vérifie bien sûr pour les grandes instances de l'existence, telles que l'amour. Vous croyez que votre chat vous aime, pour ce motif saugrenu qu'il vous aimait hier ou il y a cinq minutes ? L'adage « Souvent femme varie, bien fol est qui s'y fie » s'applique à : « Sans cesse chat varie, bien lent est qui s'y fie. »

Jackson Braun Lilian

Le héros de la série de polars signés de Lilian Jackson Braun (1913-2011) est Jim Qwilleran, un journaliste solitaire, ancien alcoolique, qui mène des enquêtes pour un canard intitulé *Quelque chose du comté de Moose* – Moose étant un lieu imaginaire ressemblant au Michigan. Qwilleran a la particularité de ne jamais se séparer de Koko et Yom Yom, deux siamois aux pouvoirs divinatoires, ou prétendus tels. Par exemple, l'un des chats fait tomber d'une bibliothèque un livre dont le titre conduira à la résolution d'une affaire.

Chaque roman commence par le titre «Le chat qui». On trouve *Le chat qui lisait à l'envers*, *Le chat qui mangeait de la laine*, *Le chat qui voyait rouge* (celui-ci connut un beau succès). La liste compte trente romans qui suscitèrent l'engouement du public. Lilian Jackson Braun reçut en 2005 le prix de la Fondation 30 millions d'amis pour *Le chat qui jetait des peaux de banane*.

Ceux que j'ai lus m'ont fait vaguement penser aux œuvres d'Agatha Christie mâtinés de croyances en occultisme félin et de provincialisme américain.

Dans *Le chat qui lisait à l'envers*, Jim Qwilleran intègre l'équipe d'un nouveau journal, le *Daily Fluxion*, à un poste totalement inhabituel pour lui : la critique d'art. Il découvre un monde mal connu, celui des artistes et des critiques d'art dont un, George Bonifield Mountclemens, est détesté de presque tous les plasticiens. Ce M. Mountclemens n'apparaît jamais dans la salle de rédaction, demeure chez lui où il écrit des articles assassins sur les galeries et les artistes qu'elles exposent. À l'exception d'une galerie et d'une artiste en particulier, une certaine Zoé Lambreth. Son pouvoir sur le monde de l'art est immense. Qwilleran parvient à rencontrer la sommité critique et se lie d'amitié avec elle. L'ancien chroniqueur criminel fait alors la connaissance de son chat siamois, Kao K'O Kung, familièrement appelé Koko, dont le talent consiste à lire « à l'envers » – il pointe les lettres avec son nez. Ce chat étrange, compagnon du critique acariâtre, serait-il devenu spirituel et quasi-devin en fréquentant cette plume mordante ? Trois meurtres ont lieu. Les victimes appartiennent au monde de l'art, un artiste (qui meurt lors d'un événement à l'École des beaux-arts), le mari de Zoé Lambreth et Mountclemens lui-même. Qwilleran résout l'affaire, comme toujours, et hérite du fameux chat qui prendra tant d'importance dans ses futures affaires. Ce roman de Lilian Jackson Braun est assez réussi, très ironique sur le monde de la culture – même si on peut lui reprocher quelques préjugés homophobes concernant un personnage nommé « Butchy », « Camionneuse ». On l'aime beaucoup pour ses descriptions de chats, classes et indifférents : « Ayant terminé ses soins de beauté, Koko jeta un regard lointain sur Qwilleran, comme si une onde divine se formait dans sa petite tête brune. Puis il se coucha sur le dos en se tortillant, releva la tête en louchant et se gratta l'oreille avec sa patte de derrière, dans une expression extasiée de pur ravissement félin. »

Dans *Le chat qui jouait aux dominos*, Qwilleran enquête sur une île appelée Breakfast Island, où plusieurs visiteurs sont morts de façon accidentelle et un tantinet étrange. Intrigué, Qwilleran fait connaissance avec les habitants de l'île et tente de déterminer qui pourrait vouloir nuire à la réputation du lieu et à ses touristes. Évidemment, Koko et sa compagne siamoise Yom Yom sont de la partie. Les chats restent dans une chambre d'hôtel, boudent la nourriture, mais acceptent de faire tomber des dominos qui seront observés et analysés par Qwilleran pour construire des mots (un chiffre désignant une lettre). Voilà notre enquêteur un peu troublé par le vocabulaire de ses chats : « dégagé, décidé, lac, Jack... » Y aurait-il un lien entre ces mots « choisis » par les siamois et les morts mystérieuses de Breakfast Island ? On trouve des notes d'humour chez Lilian Jackson Braun, comme lorsque Qwilleran explique ce qu'il fait de ses journées depuis quelque temps : « Autrefois [...], je m'imaginais sous les traits d'un journaliste plein d'allant. Aujourd'hui je suis métamorphosé en maître d'hôtel. Un maître d'hôtel pour siamois chargé de l'entretien de leur garde-robe ». Parfois l'auteur semble rire d'elle-même : « Peut-être fallait-il être un peu bizarre pour croire aux qualités extrasensorielles de Koko. » Mais l'intrigue ne vous empêchera pas de dormir, ni de vous coucher de bonne heure. Lilian Jackson Braun a tant écrit que tous ses opus ne pouvaient pas être d'égal niveau.

Japon

La nouvelle Égypte du chat est sans conteste le pays asiatique qui a développé le concept du bar à chats et les Maneki-neko – ces statuettes de chats en céramique ou en porcelaine censées porter bonheur : le Japon. L'affaire ne date pas d'hier.

Hidéko Fukumoto et Catherine Pigeaire, dans leur ouvrage *Femmes et Samouraï*, évoquent la tradition moyenâgeuse : « Plus la femme appartient à un rang élevé, moins elle sort de ses appartements : l'ennui la guette de plus près encore et, pour ne pas y succomber, elle a recours à de piètres expédients ; c'est ainsi que ces dames s'occupent beaucoup de leurs chats… Aristocrates eux aussi : ne sont admises dans l'entourage impérial que les personnes titrées ; c'est ainsi que les chats de la cour jouissent de privilèges refusés au commun des mortels ! »

À la cour impériale nippone, seules les dames et les jeunes femmes de l'entourage de l'empereur avaient le droit de posséder un chat, qu'elles gardaient près d'elle en attachant un ruban de soie rouge autour de leur cou. C'est ainsi que ce ruban de soie rouge pouvait évoquer la beauté d'une grande dame dissimulée derrière un paravent.

Sur les origines de son arrivée dans l'archipel, un dicton désigne le chat comme « le monsieur qui vient de Corée » (*o-koma-san*). On suppose qu'il est passé par la Chine, le Cambodge et le Vietnam avant d'arriver en Corée, puis le chat gentleman a pris le bateau pour le Japon. En l'an mille on l'offrait en cadeau aux princesses de la cour impériale. On ne peut affirmer que celles-ci s'écrièrent qu'il était *kawaï* mais on sait qu'un temple lui fut élevé. Il fut associé au culte du renard et au royaume de la nuit.

À Tokyo, un sanctuaire lui est consacré, le Gotokuji, où il est représenté assis, une patte levée en signe d'accueil : ainsi naît le Maneki-neko. Même s'il est surpassé dans la dévotion populaire par le renard, le chat marque les esprits de sa présence ambiguë. Comment analyser son absence lors de la mort de Bouddha alors que tous les animaux de la création sont là à pleurer sa disparition ? Est-ce un manque de dévotion ou la preuve d'une sagesse supérieure chez celui qui sait que le trépas n'est qu'une apparence et que tout renaît ? Les bouddhistes penchent finalement pour la deuxième interprétation.

Dans les campagnes, on lui élève des chapelles shintô où on lui offre des présents. Une façon de le remercier pour ses qualités de chasseur, et donc de protecteur du riz et des vers à soie.

Dans le calendrier lunaire, il est associé à deux animaux au charme vif et soyeux : le lapin et le lièvre. Tous les trois sont également des symboles de fertilité.

Perçu tel un animal pensif, de nombreuses estampes et peintures japonaises le représentent se regardant dans un miroir ou dans une laque réfléchissante. Une réflexion essentielle dans la recherche de la connaissance bouddhique. Le chat est naturellement lié au monde du savoir.

Comme en Occident, on aime l'associer à la féminité : dans les légendes on ne compte plus le nombre de femmes métamorphosées en chattes, une punition pour leur comportement capricieux, échevelé. Au XIXe siècle, Utagawa Kuniyoshi (1798-1861), grand maître de l'estampe sur bois, se délectait de ce thème et semblait parfaitement connaître les manières félines – on rapporte qu'il aurait entretenu une cinquantaine de chats dans sa maison. Il mêlait leurs gestes et attitudes typiquement félins aux expressions humaines : certains de ses personnages ont un corps humain et une tête de chat. Plus tard, il composa des décors de théâtre où il représenta des chats inquiétants, babines retroussées et regard fou, sortes de créatures monstrueuses, comme surgies des Enfers. Quant à Katsushika Hokusai (1760-1849), il peint les chats de façon que leurs courbes forment des idéogrammes.

L'élasticité des petits félins se prête à l'abstraction de l'écriture. Pour Hokusai, c'est un animal aussi mystérieux qu'un signe cabalistique. Souvent représentés en compagnie de femmes, les greffiers évoquent dans certains cas des courtisanes : installés au milieu de coussins, ils rappellent que leur rang pouvait être estimé en fonction du nombre de coussins sur lesquels elles étaient assises… Le chat accompagne idéalement l'esthétique de ces femmes richement vêtues.

Hiroshige (1797-1858) voyait-il les chats comme des perfections de la nature ? Il semble les avoir aimés pour leur sensualité et l'immobilité dont ils sont capables, tel le chat à la fenêtre de la série des *Cent vues d'Edo*, « Les rizières d'Asakusa », qui regarde un paysage idyllique et verdoyant où pointe le mont Fuji. Le chat ébauché en un trait, rond, sensuel, aimante le spectateur.

Impossible de ne pas citer Tsuguharu Foujita (1886-1968), Japonais naturalisé français, obsédé par le thème du chat, il a représenté les matous dans tous leurs états, adorant les inviter dans ses autoportraits. Le chat est comme l'âme de l'artiste, sauvage et familier. Le petit animal paisible, installé pour une sieste en toute confiance, dont l'artiste saisit la fragilité, peut devenir un animal farouche aux yeux démoniaques.

Mais le félin le plus célèbre du Japon est bien le Maneki-neko – « chat qui invite » –, en porcelaine ou en céramique, qui lève la patte gauche de façon plus humaine qu'animale pour inviter les clients à entrer dans une boutique. On le prétend porte-bonheur et les marchands, qu'ils soient restaurateurs, vendeurs de thé ou de souvenirs, l'installent derrière la vitrine de leur magasin en espérant qu'il attirera le client et fera leur fortune. Aujourd'hui, l'objet s'est tellement diffusé qu'on le trouve sous forme de tirelires ou de porte-clés, sous toutes les couleurs censées apporter toutes sortes de profits, au point que l'amoureux des chats Frédéric Vitoux, auteur du *Dictionnaire amoureux des chats*, regrettait qu'on voie au Japon plus de ces statuettes qu'on ne rencontre de véritables chats…

Catus a inspiré nombre de contes et légendes au Japon. Il apprécierait une danse qu'il exécuterait en cachette, muni d'une serviette, et qui s'intitule le *neko-ja*. Quant aux marins nippons, ils sont persuadés qu'un chat tricolore, le *neki-neko*, a le pouvoir de prévoir les tempêtes. D'où l'importance pour eux de prendre ces chats-là à bord. Autre croyance vivace: quand un homme meurt, on pose un sabre sur son cercueil dans la maison, avant les funérailles, et on interdit au chat d'entrer dans la pièce. Le félin aurait la faculté d'animer le corps du défunt en passant à proximité grâce à sa fourrure qui générerait de l'électricité...

D'un point de vue langagier, le chat est couramment associé au sexe des femmes, et désigne également les courtisanes. Familièrement, on parle de « faire le cri du chat », *nian-nian suru*, quand on copule. Et cette connotation sexuelle se déploie encore de manière plus ou moins ambiguë: le mot *neko*, « chat », désigne le luth des geishas, – le *shamisen* –, dont la caisse était tendue d'une peau de minet.

Comme les femmes n'avaient pas le droit de jouer dans le théâtre classique japonais, on soulignait le caractère féminin d'un personnage interprété par un acteur en plaçant un greffier près de lui. La félinité contamine l'homme de sa féminité. L'animal déploie une séduction telle qu'elle ne peut être que femelle.

La place du chat serait-elle entre le ciel et la terre? Le peintre japonais, Cho Densu (1352-1431), formé à l'école bouddhiste, peignait toujours en compagnie de son chat dont il aimait la présence contemplative. Un jour qu'il manquait d'un bleu outremer, il s'adressa à son chat pour lui demander cette couleur, en échange de quoi il le peindrait et par son œuvre lui assurerait une place au nirvâna. Le lendemain, le chat le guida vers des pigments de la couleur souhaitée.

L'artiste fut convaincu que le petit félin était un envoyé de Bouddha en personne.

En littérature, le chat tient une place primordiale. La bible de la littérature ailurophile est l'œuvre du grand écrivain japonais Natsume Sôseki (1867-1916), *Je suis un chat.* Tout auteur contemporain qui souhaite parler de chat est supposé avoir lu ce livre dont la première phrase, célèbre, placée dans la bouche d'un greffier, est citée au début de *Mémoires d'un chat* de Hiro Arikawa: «Je suis un chat. Je n'ai pas encore de nom.» Il semble que la traduction perde la saveur de la forme japonaise, dont la grandiloquence dans sa langue d'origine disparaît en français. Il sera question dans ce livre d'animaux et d'humains, puisque le narrateur chat se fait adopter par un intellectuel un peu dépressif, grand professeur de littérature anglaise. Le chat est le témoin et chroniqueur de la petite société farfelue qui entoure le professeur. Fier et plein d'esprit, il livre ses commentaires et pensées sur les humains aux comportements absurdes. Une façon pour l'écrivain de dépeindre la société japonaise en pleine mutation sous l'ère Meiji. On voit passer des étudiants prétentieux, des femmes mesquines, des financiers avides. Et on se délecte des mots de ce chat philosophe: «Son esprit est comme mes pupilles, il n'arrête pas de changer.» Ou encore: «À mon grand étonnement, je réussis à me tenir sur mes pattes de derrière, avec la vague impression de ne plus être un chat.» Quelle sagesse quand il proclame: «Je sais que je me plains souvent de ceci ou cela, mais je voudrais que mon maître et moi gardions chacun notre quant-à-soi; si nos vues diffèrent, nous n'y pouvons rien.» ou encore: «On peut caractériser les hommes en un mot: ce sont des êtres qui cherchent les tourments par plaisir.» Et la liste pourrait continuer.

Autre homme de lettres amoureux des chats: Akiyuki Nosaka (1930-2015) dont un recueil de chroniques s'intitule simplement *Nosaka aime les chats*. Le narrateur raconte son quotidien estival passé, en compagnie de son chat Charly, à manger des prunes confites à l'alcool. Charly n'est pas le seul matou du livre, on croise de nombreux chats dans le pavillon tokyoïte du narrateur. La fréquentation des petits félins l'incite à observer longuement les micro-événements, à les commenter, à philosopher sur la vie, la nourriture, la mort. Ce livre aborde de façon nonchalante, telle la démarche d'un chat, des sujets plus graves – les décombres de la guerre et le tremblement de terre de Kôbe.

Quant à l'écrivain le plus lu hors des frontières du Japon, le plus prolifique, Haruki Murakami (né en 1949), il est l'auteur du célèbre roman *Kafka sur le rivage* (2002), l'une des fictions les plus extraordinaires de Murakami. Un garçon de quinze ans, Kafka Tamura, s'enfuit de sa maison de Tokyo pour échapper à une horrible prophétie prononcée par son père. Il erre sur l'île de Shikoku, au sud du Japon, et trouve refuge dans une bibliothèque. C'est là qu'il rencontre Nakata, un vieux simplet amnésique qui a une compréhension active et passive du langage des chats. Cette compétence, entre autres lui permet d'identifier un *serial killer* de chats. Ce tueur en série est une figure du diable. L'imaginaire japonais va décidément à rebours du lieu commun qui consiste à faire du chat l'un des animaux totémiques du démon.

Les Japonais sont tellement fous des chats qu'ils leur ont cédé une île entière au sud de leur archipel : l'île d'Aoshima. À l'origine, des chats avaient été importés pour lutter contre une invasion de souris. S'y trouvant à l'aise, ils se sont multipliés et dorénavant ils sont six fois plus nombreux que les humains, soit plus de cent vingt. Aucun habitant de l'île ne trouve à y redire. De fait, sa majesté fourrée mérite bien un royaume.

Actuellement, onze îles seraient des îles aux chats au Japon, des îles cédées aux petites créatures à moustache.

Le Japon a fait la preuve qu'il est bien la nouvelle Jérusalem, ou plutôt la nouvelle Égypte des matous. Cette passion féline rend même les Japonais un peu zinzins, les amenant à fréquenter des « bars à chats » (*voir cette entrée*), ou à tenter d'inculquer le reiki aux minets, une discipline mêlant méditation et toucher relaxant sur les points du corps. On rapporte même que le chat est le seul être vivant de la création à ne pas être sensible au reiki. Un signe supplémentaire de son exceptionnalité.

Jeu

Souvenez-vous, quand vous étiez enfant, vous n'aimiez rien tant que jouer à chat. Pas chat perché : chat. C'est le jeu préféré des enfants parce qu'il n'y a rien de plus basique. La règle est d'une simplicité déconcertante : l'un des enfants est désigné chat, il poursuit les autres et dès qu'il touche un autre enfant, il doit dire « Chat ! » et ça y est, l'autre enfant est chat et poursuit les joueurs jusqu'à ce qu'il en touche un autre, et ainsi de suite. Quelques lieux rares, appelés maisons, rendent les proies intouchables. En dehors de cette zone, tout le monde peut être attrapé.

Vous pouviez jouer à chat pendant des heures. Non seulement vous ne vous lassiez pas, mais vous atteigniez une surexcitation proche de la transe. Et en cela, vous étiez semblable à tous les enfants qui vous entouraient.

A posteriori, vous vous demandez pourquoi ce jeu éternel vous plaisait tant. Sans doute parce qu'il mettait en scène le degré zéro de la prédation, et qu'il n'y a rien de plus grisant, au fond, que la quête infinie du prédateur et que la fuite inexorable de la proie. Par ailleurs, il s'agissait d'une prédation inoffensive : on ne se taillait pas en pièces, il suffisait de toucher l'autre pour échanger son statut avec le sien. Et pourtant, vous y jouiez avec ferveur, vous y croyiez, et vous aviez le cœur qui battait fort.

Ce jeu existe avec des variantes qui augmentent la difficulté. Avec « chat glacé », les souris touchées par le chat sont obligées de rester immobiles où elles se trouvent et doivent attendre que des souris vives les touchent pour retrouver leur liberté de mouvements. Avec « chat couleur », les souris ne pourront échapper au chat qu'en touchant une couleur précise, choisie au début de la partie. Autre variante : « chat blessé ». Lorsque le chat touche une souris, celle-ci est blessée et doit continuer la partie, la main sur sa « blessure ».

L'équivalent de ce jeu se retrouve dans d'autres parties du monde sous d'autres noms et parfois avec des règles différentes. Par exemple, au Japon, le jeu est appelé *onigokko* et c'est un « démon » qui court après ses proies.

La peur, le grand frisson nous renvoient à l'animalité enfouie en nous.

KEDI, DES CHATS ET DES HOMMES

Ce film sorti en 2016 en Turquie et en début d'année 2018 en France est l'œuvre de la réalisatrice turque Ceyda Torun. Il s'agit d'un documentaire sur les chats de gouttière d'Istanbul, une réussite de finesse et d'espièglerie. La caméra suit, à hauteur de félin, sept chats des différents quartiers de la ville. On découvre Sari (l'arnaqueuse), Bengü (la tombeuse), Psikopat (la psychopathe qui frappe tout le monde), Deniz (le mondain), Aslan Parçasi (le chasseur), Duman (le gentleman), Gamiz (le joueur). Sont interviewés les gens qui s'occupent de ces chats tout en leur laissant leur liberté. Des femmes, des hommes, sans emploi ou actifs, de tous âges nous racontent l'histoire qui les lie à tel ou tel matou. Les greffiers sont filmés dans leur vie de tous les jours, certains se sont rapprochés de pêcheurs et attendent d'eux qu'ils daignent leur donner des morceaux de poisson. D'autres fréquentent les marchés ou les restaurants, quelques-uns ont une portée à nourrir et s'acquittent chaque jour de leur besogne. On découvre les territoires d'untel ou untel, les combats pour les conserver, la débrouillardise de ces gavroches à griffes rétractiles qui s'invitent parfois dans les appartements des Stambouliotes. Les chats sont l'âme d'Istanbul, ils évoquent la vie dans le chaos. Et si certains ont pensé, comme le rapporte une des personnes interviewées, que les greffes sont un problème pour la ville, c'est qu'ils n'ont pas compris que les chats sont la chance de la cité.

À une époque où les grandes canalisations ont été construites, les gens ont volontiers accueilli les félins, car les rats devenaient un problème.

Mais la présence des matous remonte à bien plus longtemps. Chaque bateau embarquait plusieurs minets dans ses cales pour éviter les catastrophes causées par les rats. À l'arrivée au port, les chats sortaient du navire et s'installaient dans Istanbul.

Parler des chats, de la façon dont ils sont perçus par une population, c'est aussi parler, en creux, des gens et des mentalités. Une jeune artiste interviewée dit admirer la féminité, les courbes élégantes des chats et trouve regrettable que cette féminité ait tant de difficultés à s'exprimer aujourd'hui. Une critique subtile qui pointe l'oppression puritaine contre les femmes dans un pays qui ressemble de plus en plus à une dictature islamiste.

Le film est, par ailleurs, visuellement magnifique : panoramas de la ville en hauteur, mosquée Sainte-Sophie aux reflets du bord de mer, gros plans sur les félins aux aguets. Jamais ces petits gymnastes n'auront été filmés avec autant d'amour.

Kipling Rudyard

L'expression « Je suis le chat qui s'en va tout seul et tous lieux se valent pour moi » est devenue pour les amoureux des félins un leitmotiv délicieux. En anglais, le titre du conte écrit par Rudyard Kipling (1865-1936) est *The Cat that Walked by Himself* (1902). Il y est question des débuts de la domestication des animaux et de la réussite du chat à profiter du foyer des hommes tout en demeurant indépendant. Comment « le plus sauvage de tous les animaux sauvages », comme le qualifie l'écrivain britannique, est-il parvenu à se faire une place près du feu des humains et à boire le lait qu'on lui offrait ? Avant lui, raconte Kipling, le chien, la vache, le cheval, le mouton, le cochon et l'Homme lui-même étaient *sauvages.* D'après Kipling, l'Homme commença à se civiliser en rencontrant la Femme, qui eut l'idée de bâtir un foyer. Puis, le Chien s'approcha de la caverne des hommes et fut heureux de recevoir de la nourriture. En échange, la Femme (car c'est elle qui décide de tout, ce qui est une théorie amusante) exigea du canidé qu'il aide l'Homme à la chasse. Après le Chien, c'est le Cheval qui s'approche des hommes en désirant l'herbe grasse dont il pourrait se régaler chez eux. La Femme la lui promet en abondance s'il accepte de devenir la monture de l'Homme. Et le Cheval accepte bien sûr. Enfin, tous les animaux de la domestication y passent et, pendant ce temps, le Chat observe, louvoie, hésite, prépare son coup. Quand, enfin, il approche de la caverne des hommes, il commence à marchander des faveurs auprès de la Femme. Plus elle sera satisfaite de sa présence, plus elle le louera et lui donnera des avantages. Le marché est conclu et le Chat repart dans la forêt, attendant son heure. Celle-ci arrive avec la naissance du bébé des humains. Alors, le Chat sauvage s'approche du campement humain et agit finement. Quand le bébé pleure, le Chat demande à la Femme de fabriquer un jouet au bout d'un fil, le félin court derrière, saute, fait l'acrobate. Soudain, les pleurs de l'enfant cessent, il éclate même de rire. Alors le matou s'installe contre le nourrisson et se met à ronronner, ce qui a pour conséquence d'endormir le marmot. C'est ainsi que le greffe obtient le droit de s'installer près du feu à tout jamais. Mais, précise-t-il immédiatement, il demeure « le Chat qui s'en va tout seul et tous lieux se valent pour [lui] ». Quand une souris apparaît dans le foyer, le félin attire l'attention de la Femme sur le rongeur. Celle-ci s'effraie (on appréciera le cliché misogyne), hurle. Le Chat n'a plus qu'à jouer son rôle de chasseur et le voilà bénéficiaire de tous les avantages de la domestication (chaleur, nourriture, compagnie). Le problème survient au retour de l'Homme qui, proteste-t-il, n'a pas fait de marché avec le Chat en personne ; puis le Chien, grand imitateur de bipède, déclare que lui non plus n'a pas conclu d'accord avec le Chat. L'Homme promet d'en faire baver au Chat si celui-ci n'attrape pas toutes les souris et le Chien affirme qu'il courra toujours après le Chat pour le faire grimper aux arbres… N'empêche, le Chat restera ce sauvage « qui s'en va tout seul et tous lieux se valent pour [lui] ».

Nombre d'auteurs font référence à ce leitmotiv du conte de Kipling. Dernièrement, l'écrivain Michel Rio fit allusion à cette formule dans l'incipit de *Le Chat, l'Ankou et le Maori* (Sabine Wespieser, 2017), une histoire de chat breton, lassé de son quotidien dans une crêperie, qui court l'aventure pour découvrir le monde.

L

Langage

Donner sa langue au chat, à bon chat bon rat, quand le chat n'est pas là, les souris dansent, etc.

Le français, semblable en cela à toutes les langues, regorge d'expressions populaires mettant en scène notre petit félin. S'il fallait chercher un dénominateur commun à toutes, en français du moins, ce serait l'idée subreptice du malin : le chat y apparaîtrait comme un sphinx plus futé que bienveillant – toujours opposé au chien, éternel prototype du fidèle et brave demeuré. J'ajouterais que le chat ne manque jamais d'évoquer l'ambiguïté : « Il n'est de si bon chat qu'il n'attrape les souris » – même quand il est gentil, il est méchant ! « Avoir un chat dans la gorge » désigne cet état où la maladie n'a pas encore dit son nom. « Les chats ne font pas des chiens » : cette formule ne s'emploie jamais quand il s'agit d'évoquer une progéniture sans histoire.

Largo di Torre Argentina

Environ trois cent mille chats en liberté se promènent à Rome et sont nourris par de bonnes âmes appelées *grattares.* Ces bipèdes généreux sont souvent des militants de la cause animale. Ils pensent, et comme je suis d'accord avec eux, que nous devons défendre en politique l'interaction homme-animal.

Un coin de la Rome antique est réservé aux petits fauves errants dans le cœur de la ville, le lieu se nomme Largo di Torre Argentina. Ce site archéologique découvert en 1929 a rapidement été envahi par les matous romains. Depuis une vingtaine d'années, il est devenu officiellement leur havre de paix.

L'endroit n'est pas anodin, c'est la zone archéologique de la Curie de Pompée où fut assassiné Jules César. Et c'est ici, entre les colonnes de marbre et les sculptures millénaires envahies par la végétation, que des minets se dorent au soleil avec la légitimité des grands de ce monde. Après tout, la Rome impériale abritait déjà des chats, bien utiles pour chasser les rats des greniers à céréales – on a retrouvé à Pompéi une mosaïque représentant un chat prêt à mordre.

Les protecteurs des félins sont parvenus à convaincre le surintendant des biens culturels de Rome. Celui-ci a déclaré en 2012 que les chats de Rome sont plus vieux que les colonnes de marbre et les frontons. Et, c'est un fait, les chats étaient là avant la construction de la ville.

Ces greffiers ont d'ailleurs des attitudes parfaitement convaincantes. À croire que leurs ancêtres étaient au moins consuls dans la Rome de César.

La ville de Romulus et Remus attire un nombre important de touristes qui se penchent à la balustrade du site pour admirer et photographier les chats de gouttière ensommeillés. On se croirait presque au zoo. Les fauves sont là qui paressent et s'étirent.

Lessing Doris

Doris Lessing (1919-2013) n'a pas été élevée avec une cuillère en argent dans la bouche, en une Angleterre guindée et sentimentaliste. Elle a grandi au contraire dans une ferme d'Afrique en Rhodésie du Sud (futur Zimbabwe) où sa mère tirait à la carabine sur des serpents. Et si les chats étaient présents dans et autour de la maison, sa mère ne « perdait pas de temps en philosophie sentimentale », comme Doris Lessing le confie dans son livre consacré aux chats : *Les Chats en particulier – Particulary Cats*, publié à Londres en 1967. Quand la chatte de la maison était pleine, il fallait noyer les chatons. Un jour, sa mère devint trop faible ou peut-être se dégoûta-t-elle de cette sale besogne qui lui était assignée, puisque la femme devait s'occuper du foyer tandis que l'homme se consacrait au travail de la terre. Elle cessa de tuer les chats nouveau-nés. Une quarantaine de chats peuplèrent alors la maison, des chats de toutes sortes et des chattes déjà grosses. Doris Lessing raconte que sa mère s'enfuit, car elle avait compris que les chats devaient être mis à mort, mais elle ne voulait plus devoir affronter cette violence. Son mari saisit une arme qu'il tenait de la Première Guerre mondiale et abattit les chats un par un. C'est avec cette scène que débute le livre de Doris Lessing consacré aux chats. Le contraire d'une scène à leur gloire.

Il fallut que le temps passe et que l'auteur du *Carnet d'or* emménage dans une maison pourvue d'un jardin pour que son lien avec les chats s'approfondisse. Enfin, rien d'idyllique chez Doris Lessing dont le naturel ironique n'est jamais loin : elle eut deux chattes, une noire et une grise, qui ne purent jamais se supporter l'une l'autre. Ces deux personnalités diamétralement opposées, comédiennes de leur rivalité, sont devenues des sujets de mélodrames. Néanmoins, c'est avec elles et leurs soupirants ponctuels – des chats des rues – que Doris Lessing se familiarise et comprend les chats, leur personnalité, leur sauvagerie, leur raffinement. La romancière les regarde avec admiration : « Cette chatte-là avait un caractère fait de tact, de délicatesse, de chaleur, de grâce. » Elle s'ébaubit du processus de la naissance : « Il est fascinant d'assister à la naissance du premier bébé d'une chatte, cet instant où, la minuscule créature gesticulante étant apparue dans son enveloppe de Cellophane blanche, la mère dégage son enfant en le léchant, coupe le cordon, mange les secondines, et tout cela si proprement, si efficacement, si parfaitement, alors qu'elle accomplit ses gestes pour la première fois. »

Évidemment, la question de l'hyperfécondité des chattes ne cesse pas de devenir un sujet de questionnement et d'inquiétude. Doris Lessing hésite devant la stérilisation de ses chattes, pour des raisons culturelles – elle n'y est pas préparée.

Elle raconte comment elle a sauvé sa chatte noire qui se laissait mourir en lui donnant du jus de viande mélangé à de l'eau toutes les trois heures (la nuit aussi). « N'importe où, il lui arrivait de s'effondrer brusquement et de rester immobile, le regard fixe. Bouleversante, cette petite bête malade, distante, toujours accroupie et raide, jamais roulée ni allongée. Et puis ce regard fixe – elle paraissait morte, avec ses yeux fixes et lointains. »

Elle est témoin des parades amoureuses de ses chattes face aux chats des rues, traduit leur langage, interprète leurs comportements. Elle semble passer son temps à observer les faits et gestes de ses chattes. L'émotion est à son comble quand elle raconte la tendresse de ses félins : « Elle me lèche le nez. Elle se met à ronronner, à quelques centimètres de mon visage. Puis, comme je persiste à feindre de dormir, elle me mordille délicatement le nez. Je ris et m'assieds. »

La vie au quotidien des chattes de Doris Lessing est faite de petits forfaits (vol de saucisses), de désinvolture, de détestation (« Là, après avoir exprimé à la chatte noire, avec ses seuls yeux, combien elle la détestait elle [la chatte grise] s'installa devant le feu en tournant le dos à la noire qui, de son fauteuil, l'observait avec méfiance »), de rivalités (l'une accouche de chatons et l'autre chatte apporte dans le foyer autant de souris mortes au même moment), d'expériences traumatiques (voyager en voiture les rend quasiment folles de peur), de chasses sanglantes de souris ou d'oiseaux jamais interrompues par la romancière qui observe l'art du prédateur comme une scientifique filmerait un reportage animalier.

Finalement, ce portrait de deux chattes est aussi, ou avant tout, celui de Doris Lessing, femme d'une grande ambiguïté, capable de regarder les mises à mort des animaux et prête à s'émouvoir de la grâce et la beauté des bêtes. La romancière africano-anglaise révèle les complexités de sa personnalité, sa profondeur, sa subtilité, mais aussi une forme de dureté qui ne nuit pas à la littérature.

Loi

L'animal a beau être l'incarnation du libertaire, la loi humaine n'allait pas l'ignorer.

Du Pays de Galles à l'Espagne médiévale, des textes juridiques ont visé à protéger les chats contre le vol ou le meurtre. C'est que ce cher *catus* joue un rôle essentiel en tant que chasseur de souris et de rats dans les greniers à blé, denrée indispensable à l'alimentation de l'époque.

Au Pays de Galles, dans le code vénédotien, la valeur d'un chat est estimée financièrement : un penny avant qu'il n'ouvre les yeux, puis deux pence « jusqu'à ce qu'il puisse tuer des souris ». Quand il en est capable, sa valeur monte à quatre pence.

Dans l'autre code gallois, le code dimétien, la valeur d'un chat est calculée en le maintenant la tête en bas et en versant une proportion de blé équivalente à sa taille. Celui qui vend une chatte « doit répondre qu'elle n'ira pas miauler à chaque lune et qu'elle ne dévorera pas ses chatons, qu'elle aura oreilles, yeux, dents et griffes et qu'elle sera bonne chasseuse de souris ».

En Espagne, la Fuero (la juridiction) de Cuenca entre 1189 et 1211 indique que « quiconque tuera le chat d'autrui paiera douze deniers, s'il y a des témoins du méfait ».

Vers 1247, dans la Fuero d'Aragon, on indique que, si un voleur de chat est attrapé, il devra verser « autant de grain moulu au moulin qu'il en faut pour recouvrir le chat ».

Le catholicisme ne porte pas bonheur au chat qui le désignera comme animal diabolique, telle la bulle promulguée par le pape Grégoire IX en 1233. Ce pape devait avoir une imagination fertile car il dénonçait des messes noires où les adeptes devaient embrasser le derrière d'un chat, symbole du démon…

Saut dans le temps, au XXe siècle, on légifère sur les us et coutumes des chats errants : l'article 29 du règlement sanitaire de la ville de Paris interdit à tout animal de troubler la sécurité, la salubrité et la quiétude des habitations. Un chat trop miauleur ou pisseur sera donc sanctionné. Issu du même règlement, l'article 143 B interdit à toute personne de nourrir des bêtes errantes.

Quid de la vieille dame qui apporte leur frichti aux matous sans toit ?

Heureusement, des associations de défense des animaux agissent pour que les chats sans familles soient immatriculés, stérilisés. L'ère du soupçon se termine.

En matière de lois, c'est tout ce que j'ai trouvé sur le chat. C'est peu, en particulier si on le compare au chien, pour se limiter à cet exemple. Pourquoi a-t-on tant légiféré sur le chien et non sur le chat ? A priori, cela semble évident : le chien peut autrement nuire que le chat. On pense d'abord au pitbull et consorts. De là à affirmer que le chat est inoffensif, il y a un pas que je vous déconseille de franchir. Il suffit d'évoquer la nuisance de la période des amours – qui a déjà essayé de dormir au voisinage félin pendant ces nuits de sabbat sait de quel enfer je parle.

Précisément, on touche là à une explication. Tout se passe comme si, dans le cas du chat, il n'existait pas de solution légale. Si le chien du voisin aboie la nuit, appelez le juge de paix. Si c'est son chat qui cause votre insomnie, déménagez. Le chien est un citoyen comme les autres ; le chat est ingérable, il constitue une zone de non-droit. Il vaut mieux accepter ses comportements, quitte à les subir de mauvaise grâce. Ce que chat veut, Dieu (*voir cette entrée*) le veut.

Cet état de choses participe sans doute de notre amour pour la gent féline. Même si vous respectez à la lettre les lois dont j'ai parlé plus haut, vous sentez que le chat demeure étranger au droit. On chérit cette liberté inaliénable qu'on chercherait en vain pour soi. Le chat permet d'être hors-la-loi par procuration.

Lolcat

La culture internet n'a pas donné naissance qu'à des inventions inoubliables. Ce qu'on nomme « lolcat » (un mot composé à partir de l'acronyme anglais tiré de *laughing out loud*

– mort de rire – et de *cat*, chat) a connu un succès phénoménal des années 1990 aux années 2010. Ce sont des photographies de chats pris dans des positions amusantes, voire comiques, accompagnées d'une légende écrite dans un anglais écorché appelé *kitty pidgin* (un dialecte pseudo-chat) ; on les a vues fleurir sur les forums. Le chat est supposé parler à la première personne et cela donne des phrases assez bêtes comme : « *Im in ur computer making ur graphix* », « je suis sur ton ordi et ze te fais un dessin » si un chat s'est installé sur l'ordinateur. Ou : « *I can has a cheezburger ?* » pour : « Puizje avoir un cheeseburger ? » Bon, certaines photos sont légèrement plus drôles que d'autres, mais tout ça reste très infantile et, selon moi, peu respectueux des chats. Qui vous dit que *catus* parle cette langue niaise ?

Ce qui est nettement plus intéressant c'est de constater que les premiers lolcats sont bien antérieurs à internet. Harry Pointer (1822-1889), un photographe anglais originaire de Brighton dans le Sussex, réalisait, dans les années 1870, des clichés amusants de chats : l'on vit apparaître un nombre de matous dans des positions insolentes, chatons buvant du lait ou minets bien installés dans un cabas de courses. Il tente aussi de créer des saynètes où les animaux – de jeunes chats et un lapin en l'occurrence – sont déguisés (hélas) et « jouent » un épisode au restaurant, le lapin servant les chats… On peut même admirer un félin sur un tricycle. Mimer l'activité humaine était l'objectif principal.

Harry Pointer créa une série intitulée *The Brighton Cats*, réunissant une centaine d'images de chats. Certaines sont des cartes de bonne année, d'autres sont simplement de petites créations tendrement humoristiques. Il faut reconnaître le véritable talent de photographe de Pointer : ses clichés sont de l'art et ses commentaires n'ont pas la portée ridicule de tant de lolcats sur internet.

Comble du comble, un projet de traduction de la Bible en langage lolcat a vu le jour sur internet en 2007. C'est un Américain, Martin Gondrin, qui en est à l'origine. Rien de si étonnant quand on sait que le texte sacré a déjà été traduit en plusieurs langues artificielles, tels le *quenya* (une langue construite et imaginée par le romancier et philologue J. R. R. Tolkien autrement appelée haut-elfique) ou l'espéranto. C'est ainsi que Dieu est traduit par *Ceiling Cat* (le « Chat du plafond »), les anges sont appelés *hovercats* (un jeu de mots d'après *hovercraft*, aéroglisseur) et Jésus est baptisé *Happycat*… Rien ne nous dit si transformer Dieu et Jésus en chats est considéré comme un blasphème par l'Église.

Mahomet

Si en arabe, traiter quelqu'un de chien est une insulte grave, on ne trouve pas d'équivalence avec le mot chat. Le chat est un animal aimé du Prophète et les musulmans l'accueillent chez eux tandis que le chien reste traditionnellement dehors. Selon les textes sacrés, le chat est apparu sur l'arche de Noé quand celle-ci fut infestée de rats qui mettaient l'embarcation en danger. Noé aurait frotté le museau d'un lion qui aurait éternué et deux chats, un mâle et une femelle, seraient sortis de ses naseaux. En même temps qu'ils chassaient les rats, les chats faisaient leurs griffes sur le bateau, ce que Noé n'apprécia pas. Pour les punir, le patriarche les força à rester sur le pont de l'arche, en plein déluge. Depuis cette époque les chats auraient horreur de l'eau...

Le prophète Mahomet aimait, estimait les chats. Son amour pour sa chatte Muezza a influencé la communauté des croyants. Un jour qu'elle était endormie sur son burnous, le Prophète préféra couper le vêtement pour éviter de la réveiller. On rapporte que la chatte l'aurait salué dans son sommeil et, pour la remercier, Mahomet aurait donné aux chats la capacité de retomber toujours sur leurs pattes en cas de chute. Il arrivait au Prophète de prier en gardant Muezza dans ses bras.

Des adeptes du Prophète se sont fait connaître par leur amour des chats, tel Abd Al-Shems, originaire du Yémen. Parce qu'il avait une chatte dont il ne se séparait pas, il fut rebaptisé Abu Hurayra, qui signifie « Père de la petite chatte ». Il devint plus tard un rédacteur important de hadiths, paroles du Prophète qu'il fréquenta durant quatre ans. Encore aujourd'hui, il est respecté par les sunnites, même si son autorité est remise en question par les chiites.

Les chats sont les bienvenus dans les mosquées où ils peuvent se reposer, circuler librement, dormir. On peut voir sur internet une vidéo où un chat entre dans une mosquée durant le prêche et se frotte à l'imam qui continue d'officier en caressant le petit félin, très à l'aise.

Chez les soufis, le chat, parce qu'il passe son temps à se lécher, incarne, par excellence, la pureté animale. Certains ordres, comme la confrérie marocaine de Haddâwa, l'associent même à leurs rites.

Nul doute que, selon la foi musulmane, le chat a sa place au paradis.

MAINE COON

Une grande bête, un fantasme de chat, aussi grand qu'un lynx et pourvu comme eux d'un plumeau au-dessus des oreilles, voici le plus grand chat du monde, la nouvelle star dans le milieu ailurophile. Le maine coon frappe par ses dimensions : il est le plus long (le record est de 121,9 centimètres), et le plus gros (six à neuf kilos pour un mâle et quatre à six kilos pour une femelle). Il peut mesurer jusqu'à un mètre de hauteur.

Originaire des États-Unis, du Maine comme son nom l'indique, il a suscité beaucoup de légendes sur ses origines. La plus célèbre le décrit issu de l'accouplement entre un chat sauvage et un raton laveur (*racoon* en anglais). Sans doute la ressemblance de sa queue en panache avec celle d'un raton laveur explique-t-elle cette fable.

Une autre rumeur l'imagine descendant des chats angoras de Marie-Antoinette envoyés sur le nouveau continent avant qu'elle ne prépare sa fuite pour échapper à la Révolution française… Une énième théorie raconte qu'il serait le descendant de chats importés en Amérique en l'an 1000 par les Vikings. Ils se seraient croisés avec des chats de ferme américains. Il serait donc un descendant des chats norvégiens.

Plus probablement, il pourrait être le résultat d'un croisement entre les chats semi-sauvages de la région du Maine et des chats angora apportés par les colons aux États-Unis.

Au XIXe siècle, le maine coon devient célèbre en remportant des concours lors d'expositions félines. Emballement. La mode retombe ensuite, mais renaît après la Seconde Guerre mondiale. Cette race qu'on a un instant déclarée éteinte est bien là, plus imposante et fascinante que jamais. Aujourd'hui, on constate un engouement pour ce chat au caractère doux. Ce géant amical fait fondre les cœurs les plus durs. Il est grand et sympathique. Il tolère même qu'on le promène à la laisse – imaginez-vous promenant dans les rues ce chat en laisse, qui vous arrive aux genoux…

Sa célébrité est telle qu'il débarque même en littérature. Par exemple *Bastards*, d'Ayerdhal (1959-2015), met en scène une terrible vieille dame tueuse accompagnée de son maine coon. L'écrivain narrateur mène l'enquête sur les homicides de Cat-Oldie (ça ne s'invente pas), et découvre qu'ils sont légitimes. Ce thriller à multiples facettes qui mêle mythologie et modernité est aussi une ode au très charismatique maine coon.

Maneki-neko

Les touristes curieux du Japon s'étonneront peut-être de l'omniprésence de ces petites statuettes représentant un chat assis levant la ou les pattes au niveau de l'oreille. *Maneki* vient du verbe japonais *maneku* qui signifie « inviter » ou « saluer » et *neko* qui signifie « chat ». De couleurs variées, ils sont gratifiés de vertus différentes. Quand la patte de droite est levée, la statuette appelle la fortune (surtout l'argent) ; dans une version archaïque et « féminine » la patte gauche levée est censée appeler les « clients » des dames de petite vertu...

L'objet est apparemment devenu le gadget à la mode et il est possible qu'il n'ait plus de lien avec le chat. Il répond peut-être à un besoin de collectionner un objet à la mode. Frédéric Vitoux, l'auteur du *Dictionnaire amoureux des chats,* regrettait que les chats de chair et de sang aient disparu dans l'archipel au profit de ces effigies en porcelaine. Une sainte colère, sûrement, même si la réalité ne reflète pas ces affirmations tragiques.

Manies

Mais pourquoi ce chat cherche-t-il à manger du plastique, cet autre de la cellophane et celui-ci du papier aluminium ? Ils sont pourtant bien nourris, entretenus, ils ne manquent ni de protéines ni de jouets. Non, le minou a développé un véritable goût pour le plastique ou l'aluminium et vous n'y pouvez rien. Il fera tout pour l'attraper, le chiper, le mâchouiller. Certains esprits éclairés prétendront que la texture rappelle les ligaments des proies, peut-être. En attendant, votre chat a l'air stupide. Ce n'est pas grave.

En voici un qui a développé une passion pour les bas qu'il transporte dans toutes les pièces avec cette attitude de fierté qu'on retrouve chez le chat qui se balade avec sa proie ou la chatte mère qui tient ferme son petit par le cou. Le bas devient son fétiche. Il ira le chercher dans le sac à linge, tel un miséreux qui fouille une poubelle. Une fois l'objet repéré, « chassé » et extrait du sac, le minou fanfaronne et démontre à qui se tient dans les parages qu'il est le propriétaire de cette chose qui pend de sa gueule. Et d'arpenter l'espace en exhibant son trophée.

Un autre ne peut s'empêcher de sauter sur les poignées des portes pour les ouvrir. Un peu technicien, un peu gymnaste, le MacGyver félin ne laissera pas douter de son intelligence.

Le chat est un animal maniaque. Il est difficile de comprendre la subtilité de sa psyché, née de l'habitus félin, celle d'une créature prédatrice aux milles et un tours. Néanmoins, la vie en commun avec *catus* nous donne un petit aperçu de ce que ses cousins grands fauves sont capables de faire dans la nature.

Manolo

Le chat que je n'ai pas pu remplacer est mort, fauché en pleine jeunesse, il y a quelques années. Il était le dernier d'une dynastie de petits fauves – tous gouttières et un siamois appartenant à des cousins, qui m'avait « choisie » et avec lequel je suis repartie – qui ont enchanté mes années tendres.

C'était un chat trouvé que quelqu'un avait déposé chez le vétérinaire. Quand ma mère est allée soigner son chat, le vétérinaire lui a proposé un joli chaton tigré qui, entre-temps, avait disparu dans un énorme sac de croquettes. Manolo a développé, depuis ses premiers moments de vie sur terre, une faim pantagruélique. Comme Obélix tombé dans la potion magique quand il était petit, le matou avait conclu avec le sac de croquettes un pacte essentiel qui déterminerait toute sa vie.

Manolo devint mon chat. Celui qui hanta mon studio de Ménilmontant à l'époque où je rentrais d'un long séjour en Écosse.

D'un naturel calme et gentil, il pouvait devenir un véritable hooligan quand venait l'heure du repas. Et si la gamelle ne se remplissait pas assez vite, monsieur montait sur la table et faisait tomber les objets d'un coup de patte. On ne plaisantait pas avec la nourriture.

Grand, musculeux, la tête bien épaisse et les yeux séducteurs, ce fauve d'appartement était un chasseur hors pair, ce dont je pouvais me douter quand je jouais avec lui – impossible d'éviter son coup de patte rapide. Mais ce « mâle alpha » savait être à l'écoute (*voir l'entrée « Gender »*).

Caresser son corps musculeux enrobé d'un peu d'embonpoint du meilleur aloi était un plaisir inoubliable, impression de flatter un fauve affable. Ce grand et gros chat, ce matou majestueux, se roulait voluptueusement sur le dos et l'on croyait le voir sourire.

Maru

J'ai connu le chat Maru lors d'un voyage en Italie. Un ami écrivain, Claudio Morandini, m'avait montré quelques-unes des vidéos de ce chat japonais devenu très célèbre sur la toile.

Maru est un chat tigré marqué d'une grande tache blanche, du nez jusqu'au ventre, de race scottish fold. Sa bouille bien ronde, son air un peu naïf et son goût prononcé pour les boîtes en carton, quelle que soit leur taille, dans lesquelles il aime s'installer, l'ont rendu populaire sur YouTube.

Maru (signifie « rond » ou « cercle » en japonais, ce qui va à ravir à ce chat joufflu) est toujours seul à l'image. Son propriétaire publie les vidéos sous le pseudonyme « Mugumogu » et commente à l'écrit les saynètes mettant en scène les lubies de son chat.

Maru semble apprécier d'être filmé, il regarde la caméra d'un œil complice. Son corps assez gras est souvent affalé mais il peut le mettre en branle s'il aperçoit un carton ou avise un jeu mis en scène par son humain. Il est maladroit et tombe régulièrement des perchoirs qu'il cherche à conquérir. Il est aussi très détendu, capable de dormir sur le dos, son ventre dodu exposé et décontracté. Pas toujours très malin, il peut se coincer la tête dans une boîte en plastique et ne plus en bouger. Le plus drôle, chez lui, est son attrait irrésistible pour les sacs, les boîtes de toutes sortes dans lesquels il se retrouve souvent coincé tout en demeurant zen.

Matagot

Prenez un chat noir (*voir cette entrée*) comme un morceau de charbon, sans tache blanche ni aucune rayure, noir, vous dis-je, comme ceux honnis par les papes Grégoire IX et Innocent VIII. Laissez-le dormir tout son soûl, donnez-lui les meilleurs plats, n'attendez pas qu'il chasse des souris, mais espérez qu'il revienne d'une odyssée nocturne avec un stock de louis d'or pour son maître. Voici le matagot ou mandragot, chat d'argent, célèbre en Gascogne, en Bretagne, ou en Provence.

Par un miracle étrange, un animal incarnant le Malin sur terre, le chat noir, est devenu porte-bonheur ou plutôt porte-fortune pour celui qui le possède. Plusieurs légendes bretonnes racontent que pour trouver un chat matagot, il faut se poster à un carrefour de cinq routes et appeler l'« Abominable » – le Malin. Une fois le chat d'argent mis dans un sac, la personne doit l'emmener chez elle sans jamais se retourner sur les cris qui éclatent derrière elle et enfermer le chat dans un coffre pour le domestiquer. Une fois apprivoisé, après avoir été bien traité (nourriture en abondance et des meilleures, certains disent la première cuillerée de chaque plat s'il vous plaît, repos tant qu'il le souhaite), le chat est censé laisser chaque matin une pièce dans le coffre… Un dernier conseil : ne pas garder le précieux chat jusqu'à sa mort car on rapporte que dans ce cas, l'agonie du propriétaire cupide sera longue et douloureuse.

On pourrait s'amuser à interpréter psychanalytiquement cette histoire de chat qui pond des louis d'or comme la métaphore des besoins du chat déposés chaque jour dans sa litière, et voir la série de soins dont on le couvre comme une image de l'amour. Amour qui ne peut perdurer à la fin de la vie du propriétaire du chat.

Étymologiquement, le terme a pu être formé à partir des mots espagnols *matar* (« tuer ») et *gothos* (du nom du peuple goth qui s'était installé en Espagne, dans le sud de la France et en Italie et qui s'était converti au christianisme. Les Goths s'opposent aux musulmans). L'association de ces deux mots signifierait le tueur de chrétiens, ce qui serait synonyme de diable.

L'autre possibilité étymologique est la proximité de « magot », on comprend pourquoi.

Le matagot le plus célèbre est sans conteste le Chat botté (*voir cette entrée*).

En conclusion, ces croyances mélangent diable, chance, bonheur, difficile d'y voir clair. Quoi de plus ambigu qu'un matagot, quoi de plus ambigu qu'un chat ?

Méchant

Interrogeons les personnes, hélas nombreuses, qui n'aiment pas les chats ; dans l'immense majorité des cas, ils diront : « Les chats sont *méchants.* » Lieu commun qui a la vie dure. Quand on leur demande d'expliquer la méchanceté du chat, les gens les comparent avec le chien. Raisonnement étrange. En gros, cela donne : le chat est méchant parce que le chien est gentil.

En vérité, le chat n'est ni « méchant » ni « gentil », il donne l'impression d'être indifférent. Pour beaucoup d'êtres humains, c'est le péché capital : il ne se soucie pas de vous, vous ne l'intéressez peut-être pas. Non mais, quel culot ! On parle de l'égoïsme du chat, ce qui n'est pas faux. Encore faut-il préciser que cet égoïsme est stigmatisé par l'espèce qui en est la championne et qui illustre la définition : « Un égoïste est quelqu'un qui ne pense pas à moi. »

Par ailleurs, il en va des chats comme de tout le monde : il n'y a que des individus. Affirmer que les chats sont méchants sous prétexte que l'on en a rencontré un, c'est aussi injuste qu'idiot.

Ce qui, en revanche, est exact, c'est que de fameux méchants, dans l'histoire de l'humanité, ont aimé les chats. Le détesté Richelieu (*voir cette entrée*) n'aimait qu'eux et recherchait leur société. Est-ce lui qui est à l'origine de l'image d'Épinal qui associe un méchant au chat ? Toujours est-il que ce couple n'a pas cessé de faire recette dans les mythologies ultérieures, y compris dans la culture populaire. Dans le James Bond de 1967, *On ne vit que deux fois*, le vicieux Blofeld, lequel aime jeter ses employés qui ont raté leur mission en pâture dans un bassin de piranhas, est souvent filmé caressant longuement un chat persan. À son exemple, ceux qui sont nés dans les années 70 ou 80 se souviennent de la figure, ou plutôt du bras du méchant dans le dessin animé *Inspecteur Gadget* qu'on voit caresser interminablement son félin à la fourrure blanche. Ce méchant n'a d'ailleurs jamais de visage, il n'est qu'un bras occupé à cajoler son animal. Le tout n'est pas d'avoir un chat, il s'agit d'abord de le caresser, comme si ce geste définissait le méchant : il flatte ce qui pourrait être l'incarnation de sa propre perversité – le chat.

Un élément qui a pesé lourd dans sa réputation de cruauté est la propension du chat à attraper une souris ou un oiseau pour ne pas le manger. (À ce compte-là, taxons de méchanceté la quasi-totalité des enfants humains.) Dans le cas du chat, ce jugement oublie l'instinct du chasseur. Il est biologiquement et historiquement récent que le chat soit sûr d'être nourri par l'homme. Quand on le juge pervers parce qu'il donne un oiseau mort à celui qui lui remplit sa gamelle, on se rend coupable d'anthropomorphisme : si un homme offrait un tel cadeau, ce serait, en effet, de la perversité. De la part du chat, c'est de la politesse. « Trop poli pour être honnête », grincera la mentalité populaire.

Au fond, ce que l'on reproche au chat, c'est qu'il ne se soucie pas de nous déplaire : ce qui fait de lui un véritable aristocrate.

Mémoires d'un chat

Née en 1972, la romancière japonaise Hiro Arikawa, qualifiée d'auteur de *light novels*, est une preuve supplémentaire que les Japonais sont bien des adorateurs de Sa Majesté féline. Son roman, *Les Mémoires d'un chat* qui a été publié en français chez Actes Sud est en cours de traduction dans plusieurs autres pays. Hiro Arikawa raconte l'histoire d'un chat errant plein de gouaille. Bien heureux de vivre libre, il ne songe pas une seconde à se trouver un foyer. Mais il apprécie de se reposer sur le capot d'un monospace encore chaud garé dans un parking public. Un jour, un accident. Une voiture le blesse gravement à la patte. Le chat sans nom tente de trouver le propriétaire du monospace, utilisant ses dernières forces. Il s'agit d'un jeune homme qui lui donnait parfois un peu de nourriture, Satoru. Celui-ci n'écoute que son cœur, l'emmène chez le vétérinaire, le sauve. L'adopte. Le chat s'appellera Nana, ce qui signifie « sept » en japonais, à cause de la courbure de sa queue imitant ce chiffre. Ce trentenaire est un amoureux des chats, il garde un souvenir émouvant de son ancien compagnon à moustaches, Hachi. Chat et humain mènent une vie idyllique durant cinq ans quand Satoru, contraint par un événement mystérieux, décide un jour de donner son chat aimé à une personne bienveillante. Il parcourra le Japon pour revoir des amis perdus de vue à qui il a expliqué sa situation. Aucun ne sera digne d'accepter le bien-aimé Nana – qui livre régulièrement son point de vue sur les événements. Au final, Satoru retournera chez celle qui l'a élevé après la mort de ses parents, sa tante, et nous découvrirons que le jeune homme est atteint d'un cancer… Tous les ingrédients du roman lacrymogène sont réunis, et l'on ne peut s'empêcher de bâiller un peu devant ces recours faciles. Mais les moments où Nana prend la parole pour donner son opinion de chat des rues, fier et indépendant, condescendant parfois devant certains animaux (surtout les chiens) ou humains sont assez réussis et plutôt amusants. Certes, imagine-t-on jamais qu'un chat puisse se montrer insipide ?

Mitsou

Le grand poète autrichien Rainer Maria Rilke (1875-1926) était un ami du peintre Erich Klossowski, père du futur Balthus (1908-2001). C'est ainsi qu'il découvre une série de dessins effectués à l'encre de Chine – quarante images – par l'enfant de douze ans. L'histoire que le garçon met en scène est celle de sa relation avec un chat trouvé qu'il adopte et emporte avec lui en Suisse, avec lequel il vit des moments heureux et qui un jour disparaît mystérieusement. Bien que très jeune, Balthus a créé une œuvre d'une intensité bouleversante où s'expriment son amour pour un animal, la joie partagée et la douleur vertigineuse causée par la perte de l'objet aimé. Les dernières planches de la série montrent le garçon qui cherche son chat la nuit, dans la neige, simplement éclairé d'une bougie. Dans la dernière scène il éclate en sanglots, seul dans sa chambre. L'auteur des *Élégies de Duino* ne s'est pas trompé sur la profondeur de cette œuvre de jeunesse. Il proposa de lui écrire une préface en vue d'une publication. Ce n'est d'ailleurs pas qu'une préface. L'œuvre de Rilke écrite en français et publiée en 1920, aussi poétique que philosophique, est avant tout un texte qui tente de consoler le jeune artiste effondré. Son argument ultime pour sécher les larmes du jeune peintre sera de mettre en doute l'existence même des chats dans le monde : « Pour ceux cependant qui vous verront toujours éploré au bout de votre ouvrage, j'ai composé la première partie – un peu fantaisiste – de cette préface. Pour pouvoir leur dire à la fin : Tranquillisez-vous : je suis. Baltusz[1] existe. Notre monde est bien solide.

« Il n'y a pas de chats. »

Le chat devient l'être essentiel qui incarne à lui seul les échafaudages symboliques d'amour et de mort dont la résonance bouleversera le poète mais aussi nous, lecteurs étrangers à ce petit garçon. D'ailleurs, cette préface est un chef-d'œuvre en soi. Rilke avance à pattes de velours, commence son texte par

1. Orthographe de Rilke.

la question : « Qui connaît les chats ? – Se peut-il, par exemple, que vous prétendiez les connaître ? J'avoue que, pour moi, leur existence ne fut jamais qu'une hypothèse passablement risquée. » Il met en avant l'aspect insaisissable du chat aux pupilles mystérieuses et aux comportements imprévisibles, un temps affectueux, qui se détourne soudain de vous comme si une mouche l'avait piqué (ou entreprend de se nettoyer frénétiquement le derrière alors qu'il semblait passionné par un jeu, ainsi que le décrivit Montherlant). Il n'y a rien de sûr avec le chat, il n'est jamais votre possession. C'est un savon qui vous glisse des mains. Mais il est vrai aussi qu'adopter un chat enrichit considérablement votre vie : « Trouver une chose, c'est toujours amusant ; un moment avant elle n'y était pas encore. Mais trouver un chat : c'est inouï ! Car ce chat, convenez-en, n'entre pas tout à fait dans votre vie, comme ferait, par exemple, un jouet quelconque ; tout en vous appartenant maintenant, il reste un peu en dehors, et cela fait toujours : "la vie + un chat". Ce qui donne, je vous assure, une somme énorme. »

La perte est alors une affirmation paradoxale de ce qu'a été une vie enrichie par l'animal. L'amour ne décroît pas à ce moment, il se fait obsession : « Vous l'avez senti d'ailleurs, Baltusz ; ne voyant plus Mitsou, vous vous êtes mis à le voir davantage. »

Le jeune Balthus a le recours de l'art pour exprimer sa tristesse, c'est ce qui lui permet de ne pas sombrer. Rilke sera soulagé de le voir « grandi et consolé » une année plus tard.

Pour ceux qui ne parviendraient cependant pas à se consoler de la disparition de Mitsou ou d'un autre chat, il ne reste qu'à relire cette préface, qui ferait douter que les chats existent. Même Dieu accepte l'agnostique.

Mort, « Le petit chat est mort »

Tout le monde connaît la réplique d'Agnès dans *L'École des femmes* (1662) de Molière (1622-1673). Au-delà de son contexte, qui fait de cette déclaration le comble de l'*understatement*, pourquoi ce mot d'auteur est-il entré dans la légende ? Pourquoi l'impact d'une telle phrase résiste-t-il à l'analyse ?

Revenons d'abord sur l'intrigue : Arnolphe prétend qu'une femme ne peut être sage et vertueuse qu'autant qu'elle est ignorante et niaise. Aussi, pour avoir une épouse à sa guise, fait-il élever sa jeune pupille, Agnès, au fond de sa maison, sous la garde d'un valet et d'une servante aussi niais qu'elle.

La jeune Agnès, qui a été élevée dans la plus grossière ignorance, se fatigue bientôt de l'isolement où on la retient. S'étant mise un jour à la fenêtre, elle aperçoit un beau jeune homme qui la salue ; elle, qui ignore jusqu'aux plus simples convenances, rend le salut qu'on lui fait et se laisse bientôt prendre au bel air et aux belles paroles du jeune Horace. Les confidences du jeune homme mettent au supplice le vieil Arnolphe qui finit par faire pitié, tant il est sévèrement puni de son système d'éducation.

« Le petit chat est mort » est devenu l'étendard déchirant de l'innocence perdue. La jeune Agnès sait-elle ce qu'elle dit, quand elle répond avec une simplicité d'enfant ? Elle ne choisit pas sa métaphore au hasard. Ce qui est mort, c'est son immédiateté de chatonne. Elle est devenue une chatte adulte. On comprend tous ce que cela signifie.

Cette parole est aussi, pour elle, une délivrance. Agnès découvre la rouerie du chat adulte. Peu importe qu'elle ait été achetée par un vieillard : elle fera bien ce qu'elle voudra. Le vieux n'y verra que du feu, parce que, tout émerveillée de découvrir la convoitise d'un jeune homme, elle aura le génie de déclarer, d'une voix blanche : « Le petit chat est mort. »

Ou alors mon analyse divague. On a tellement glosé sur cette réplique qu'il n'est plus possible d'avoir le fin mot de l'affaire. Mais il suffit de se répéter l'énoncé – « le petit chat est mort » – et le trouble renaît. Quel chef-d'œuvre !

De toutes les comédiennes qui ont interprété Agnès, on retiendra particulièrement Isabelle Adjani. Elle avait seize ans, l'âge du rôle, quand, de sa voix d'ingénue archétypale, elle proféra la fameuse phrase. On entendra toujours cette réplique avec la voix d'Adjani, dans laquelle éclatait sa candeur insoutenable.

Comme l'avaient constaté les Égyptiens, le chat a neuf vies. « Le petit chat est mort » : on sait qu'il est ressuscité.

MOUSTACHE

Sensibles guides du félin, associations de l'odorat et du toucher, les vibrisses sont les antennes de l'animal qui, sans elles, serait perdu. Elles tremblent, accompagnant ses couinements de frustration quand la longue observation d'une proie n'aboutit pas au trépas de la petite vie convoitée. Plantées de part et d'autre du nez, sur les paupières, et figurez-vous, également à l'arrière de ses pattes inférieures, les moustaches magiques du chat sont des instruments miraculeux pour se mouvoir dans l'espace et évaluer les passages dans lesquels le minet pourrait s'immiscer. Elles vibrent de plaisir quand il mastique un aliment de choix. Elles sont tellement importantes qu'un chat perdrait l'équilibre et l'audace si on les lui coupait. En plein air, elles renseignent le greffier sur la force et la direction du vent. Elles lui indiquent la présence d'une proie, dont elles détectent les mouvements.

Les poils humains ne servent qu'à provoquer la chair de poule ou à ajouter une afféterie sur les visages masculins. Ils sont bien pauvres en regard de ceux des autres mammifères, en particulier de ceux des chats, qui constituent des fourrures soyeuses ou des antennes naturelles. Le terme même de moustaches ne rend pas la mesure de l'étendue de leur pouvoir. Le mot « vibrisses » est plus évocateur. Quand le chat est en colère ou a peur, on les voit se diriger vers l'arrière, s'il est curieux ou agressif, les antennes se dirigent vers l'avant.

Elles changent même d'apparence selon les races de chats. Celles du devon rex sont ondulées et courtes ; l'american wirehair, lui, arbore de belles vibrisses rêches et frisées.

Noir

S'il existe une couleur dont la portée symbolique est forte quand il s'agit du chat, c'est bien le noir. Encore aujourd'hui, les refuges reconnaissent que les chats noirs sont les moins adoptés.

La superstition maléfique a commencé au XIIIe siècle, en Europe, et dure encore dans les recoins sombres des inconscients – même s'il y eut des retours en grâce pour les chats noirs à l'époque romantique, et que d'autres domaines comme le milieu maritime leur attribue des valeurs bénéfiques, en Bretagne ou ailleurs. Évidemment, pendant la grande épidémie de peste, les gens avaient besoin de désigner les responsables de leur malheur. Au Moyen Âge, on associa quelques animaux comme le crapaud, le rat, le serpent et le chat à la sorcière, incarnation particulièrement sexuée du mal. Il y aurait beaucoup à dire sur la « sorcellerie » qui la plupart du temps valait un savoir médical (y compris celui des sages-femmes). Nul doute que c'est au nom de cette « sorcellerie » qu'on se débarrassa des femmes marginales, le plus souvent des célibataires, ou des veuves qui vivaient sans avoir besoin de s'intégrer à la bonne société, et qui avaient tendance à s'entourer de chats. Par ailleurs, le petit félin est un animal nocturne, il erre la nuit comme le diable et toutes les créatures infernales. Il n'est pas le seul : le loup, le renard, la chouette et la chauve-souris sont des animaux nocturnes qu'on sacrifia sur l'autel de la peur et des superstitions. Dans *Bestiaires du Moyen Âge* (Le Seuil, 2011), Michel Pastoureau écrit à propos du chat : « Ses yeux brillent dans la pénombre et semblent brûler comme la braise. Or, la nuit, selon le commandement de Dieu, tout bon chrétien doit fermer les yeux et dormir. Ceux qui ne dorment pas se livrent à des activités malfaisantes, à des pratiques magiques, voire à des cérémonies hérétiques, tels les Cathares qui [...] font du chat (*catus*) une vedette de leurs réunions nocturnes. » À cette époque où l'Église pense lutter contre des sectes pratiquant sorcellerie, magie noire ou satanisme, la religion chrétienne modèle la pensée des sociétés occidentales. C'est contre Satan lui-même que les dévots pensent être en lutte ; et le premier d'entre eux, le pape Grégoire IX, publie en 1233 une bulle, *Vox in rama,* déclarant que le chat est « serviteur du Diable ». Quel honneur pour le petit félin ! Le pape avait de l'imagination : il décrivait des rituels d'adoration du diable auxquels se livraient les hérétiques. Lors des cérémonies de magie noire, Satan était censé se manifester sous la forme d'un énorme chat noir – un personnage tel qu'il apparaîtra des siècles plus tard dans le roman de Mikhaïl Boulgakov, *Le Maître et Marguerite* – dont les disciples embrassaient les parties génitales lors des envoûtements et des incantations. On atteignit une cruauté sans nom en Écosse en pratiquant le « rituel *taghairm* », lors duquel on embrochait des chats vivants pour les brûler en « offrande au diable ». Il s'agissait de chats noirs. L'esprit satanique était supposé apparaître sous la forme d'un chat avec les hurlements des victimes. Les spectateurs pendant ce temps formulaient des vœux.

Le noir exprime déjà une symbolique très forte. En Occident, c'est la couleur du deuil, de la mort, des ténèbres. Associée au chat, animal honni de l'Église qu'elle associait aux cultes païens, la couleur noire se diabolise encore. Au XIIIe siècle, quiconque accueillait un chat noir chez soi risquait le bûcher, car on l'accusait de sorcellerie. Étonnamment, il suffisait que le chat possédât quelques poils blancs autour du cou ou du poitrail pour que cette marque nommée « doigt de Dieu » ou « marque de l'ange » soit le signe d'une intervention divine qui assurait la vie sauve au chat et à son propriétaire…

Le thème de la sorcière emmenée dans une voiture volante tirée par des chats noirs fait fureur en Alsace. C'est un thème germanique récupéré. Dans la mythologie germanique, la déesse Freyja (*voir cette entrée*) est transportée dans un char tiré par un attelage de chats. (On voit que la déesse donne naissance à la sorcière, la misogynie ne craint pas les grands écarts.)

Après la bulle pontificale du pape Jean XXII, en 1326, qui définit la sorcellerie comme une hérésie, les persécutions les plus graves eurent lieu aux XVe, XVIe et XVIIe siècles. C'est le mal nommé pape Innocent VIII qui, par sa bulle pontificale de 1484, décréta que les sorcières devaient être livrées par l'inquisition au bûcher avec leurs chats.

Les chats noirs connurent une longue période de terreur, sacrifiés lors des fêtes populaires, généralement à dates fixes, pour la Saint-Jean, la veille de la Toussaint, Noël, Cendres, vendredi saint notamment. On l'associait à une forme de sournoiserie proche de celle de méchantes femmes, fabricantes de potions inquiétantes. Le chat aux habitudes nocturnes, aux miaulements parfois furieux, dont les changements d'humeur brutaux étaient vite qualifiés de « diaboliques » (Colette, au XXe siècle, ne s'en prive pas, alors imaginez au Moyen Âge), le chat si féminin à regarder, à toucher, si sensuel et imprévisible, ne pouvait être qu'une sorcière. Il faut se représenter ces femmes soumises à la « question », souvent nues, harcelées par les juges. Donnant leur « langue au chat », les pseudo-sorcières avouaient la nature « diabolique » de leur animal de compagnie. En France et en Angleterre, c'est surtout pour son commerce journalier avec la sorcière que le démon se fait chat.

Mais tournons ces pages honteuses pour l'humanité et voyons où le chat noir est signe de bonheur.

En Angleterre (plus tard) et aux États-Unis, croiser un chat noir porterait chance, et il est recommandé de faire alors un vœu. De même, un chat noir qui s'invite dans une maison ou sur un bateau apporte argent et prospérité à condition qu'on ne le chasse pas. Il existe d'autres superstitions de ce genre, par exemple jouer aux jeux d'argent en plaçant des poils de chat noir sur ses vêtements, ce qui attirerait la chance. En Amérique, on prétend aussi que s'asseoir sur un panier où on a enfermé un chat noir a le pouvoir de faire revenir l'être aimé.

Il existe d'autres superstitions positives concernant le chat noir en Thaïlande, au Brésil, en Chine.

Évidemment, Edgar Allan Poe, dans sa nouvelle « Le Chat noir » n'a pas choisi la couleur de son chat par hasard. Le narrateur, qui devient alcoolique et se met à frapper les animaux, puis son chat aimé, est comme possédé. Un chat noir est d'une certaine façon toujours diabolique pour le lecteur occidental. L'homme s'acharne sur le félin puis sur sa femme.

Mikhaïl Boulgakov ne pouvait pas non plus résister à cette féline incarnation à la robe sombre. Dans *Le Maître et Marguerite*, l'énorme chat noir, incarnation du vilain, traverse la ville en terrorisant ceux qui le croisent.

Il faudra attendre la Belle Époque, en France, pour que le chat noir connaisse le succès. Le cabaret du Chat noir fut le rendez-vous des avant-gardes artistiques et littéraires de Paris. On y croisa Alphonse Allais, Théophile Alexandre Steinlen, Henri de Toulouse-Lautrec... Erik Satie, Claude Debussy, Gustave Charpentier vinrent y donner des concerts.

Nombreux furent ceux qui « cherch[èr]ent fortune autour du Chat noir »... et la trouvèrent.

La nuit déchirée

Étrange histoire issue du cerveau du romancier Stephen King, le film de Mick Garris peut évoquer *Cat people*, *La Féline* de Tourneur, mais en version kitsch. On est, en effet, très loin de l'esthétique sensuelle et énigmatique de l'œuvre de 1942 où le jeu d'ombres et de lumières, le clair-obscur des plans rendent palpables la peur et la détresse des protagonistes. Dans *La Féline*, Les deux femmes-chats, bien que très différentes l'une de l'autre, rappellent la séduction de l'animal à la beauté chaloupée, son mystère toujours lié à l'obscurité.

Dans *La Nuit déchirée*, le réalisateur Mick Garris tente d'effrayer le spectateur avec moult effets spéciaux supposés donner une idée d'une espèce mi-humaine, mi-féline dont les derniers survivants sont un fils et sa mère. Charles Brady (interprété par Brian Krause) et sa mère Mary (Alice Krige) sont des félidés à forme humaine qui ont besoin de se nourrir de la force vitale de jeunes vierges. Ils ont des relations incestueuses – comme peuvent en avoir les chats. Poussés à déménager régulièrement pour cause de dérangement du voisinage, ils s'installent au début de l'histoire dans une petite ville tranquille de l'Indiana, Travis. Charles, qui sait être séduisant, commence un flirt avec une jeune fille de son lycée, Tanya

Robertson (interprétée par Mädchen Amick), troublée par son imagination originale et sa façon de bondir (tel un chat) dans sa voiture. Lors d'une excursion, il agresse sauvagement la jeune fille pour s'en repaître, mais celle-ci parvient à lui échapper. Pendant ce temps, sa mère reste chez elle et tend des pièges dans son jardin pour attraper des chats puis les tuer. Car seuls les chats peuvent reconnaître cette espèce de félidés métamorphosés en humains et les éliminer.

Tanya porte plainte et la police se charge d'arrêter les deux créatures qui se métamorphosent régulièrement en monstres félins. Ce ne sera pas sans mal, et à ce moment, le film verse dans l'horreur. Mais, heureusement pour les humains, les minets des environs donnent un coup de main aux forces de police…

Ce film, sorti en 1992 sous le titre américain *Sleepwalkers*, « Les somnambules », dans la version québécoise, n'a pas conquis les critiques mais a fait beaucoup d'entrées. C'est par le cinéma que cette histoire fut connue du public, puisque la nouvelle de Stephen King n'avait pas été publiée. Était-elle plus subtile que le film ? On s'amusera de découvrir à l'écran l'écrivain qui joue un fou près du cimetière où Charles tente de dévorer Tanya…

OBSCURITÉ

C'est la nuit, vous êtes avec un chat dans une pièce éclairée. Faites l'expérience d'éteindre la lumière. Attendez, ne bougez pas, ne dites rien. Tendez vos antennes, il se produit un phénomène imparable : la présence du chat augmente dans l'obscurité.

Cela va plus loin que sa nyctalopie. Le chat entretient avec l'obscur des affinités métaphysiques. Quand il est invisible, il existe plus fort. Les ténèbres répandent son essence partout, par contamination. Un chat noir est un chat au cube : c'est l'une des manières d'expliquer la malédiction dont celui-ci fut l'objet.

Le chat n'aime rien tant que la pénombre. C'est sa manière de préférer l'entre-deux. À une époque où le diktat consiste à choisir un camp, il revendique le luxe du non-choix.

Aujourd'hui, on a tous les droits pourvu que l'on déclare tout. *Catus* a horreur de cette transparence, il la refuse. Il estime qu'il a tous les droits, à commencer par le droit à l'obscurité. C'est ce qui fait de lui un suprême résistant à la modernité. Il est aussi aberrant d'affirmer que le chat est méchant (*voir cette entrée*) que de prétendre l'opposé : il est tout et son contraire. Là réside son mystère.

Le chat est l'obscur, c'est-à-dire l'insituable, l'inattrapable. C'est moins physiquement que spirituellement qu'apparaît son insaisissabilité.

Pressentant avec Huxley que « la moitié au moins de toute morale est négative », il ne sera pas immoral mais amoral. Le négatif ne lui va pas mieux que le positif.

Si tant de gens se reconnaissent en lui de nos jours, c'est parce que cette obscurité est devenue la dernière possibilité d'être vraiment libre (*voir cette entrée*).

ODDO CARLOS

Les chats ont leur saint patron. Ancien barman à la retraite, cet homme âgé aujourd'hui de soixante-dix ans sauve des chats bien sûr, mais aussi des chiens et des lapins, des perruches, des pigeons qu'il accueille du sous-sol au grenier dans sa maison, à Créteil (94), cela depuis près de cinquante ans. Il se nomme Carlos Oddo. Celui qu'on a baptisé « l'homme aux deux cent cinquante chats » a livré son histoire personnelle : abandonné par ses parents, il a été élevé par une tante. Il connaît l'abandon de façon intime. Son engagement ne date pas d'hier : à l'âge de douze ans, il avait adopté un chat handicapé. Pour accueillir les nécessiteux chez lui à poil ou à plume, il a quitté son appartement à Paris et s'est installé dans une maison de la banlieue parisienne pourvue d'un jardin où les chiens peuvent courir et où les lapins peuvent s'ébattre dans un enclos. Aucune cage. Les félins vivent dans une grande chatterie aménagée pour qu'ils puissent profiter de l'intérieur et de l'extérieur. On trouve des chats partout chez Carlos Oddo, qui n'oublie pas de laisser sa radio allumée sur Radio Classique, car il est avéré que les greffiers aiment la grande musique.

Le septuagénaire déclare qu'il reçoit un nombre de chats noirs (*voir cette entrée*) impressionnant, « à cause des superstitions ». Aujourd'hui encore, des personnes viennent déposer des animaux devant sa porte. Les abandons sont un phénomène en recrudescence dans une société de consommation où l'on perçoit les bêtes comme des biens de consommation. Aussitôt acheté, on découvre que le quadrupède a des besoins, qu'il faut changer sa litière, le nourrir, etc. Alors on se fatigue d'un « bien de consommation ». Les abandons n'ont jamais été aussi nombreux qu'à notre époque. Carlos Oddo raconte que les gens déposent des animaux devant chez lui « comme des meubles quand ils s'en sont lassés ».

L'homme au visage doux, à l'expression bienveillante, donne tout à ces orphelins dont il est le dernier espoir. Il reconnaît avoir dédié son existence à la survie des petits malheureux à poil et à plume. Aussi profond que doux, il soupire : « Chaque animal abandonné a été victime d'un humain. Je pense à ça quand je le regarde… Cette blessure-là, c'est notre histoire commune. »

Depuis vingt ans, il reçoit l'aide de la Fondation 30 millions d'amis. Une aide essentielle pour les soins vétérinaires et la nourriture. Car même si les particuliers ont la gentillesse de lui apporter des aliments, l'intendance d'une telle communauté est loin d'être simple.

Œil

Selon l'étymologiste Isidore de Séville (560-636), le mot chat viendrait du latin *cattare* signifiant « voir ». Que l'origine du mot chat ne soit pas réellement le verbe voir n'a que peu d'importance. Si l'on devait définir *catus* par un des sens, ce serait la vue. Le chat est avant tout un œil. Un œil rond, globuleux, dont la pupille croît et diminue en fonction de la lumière – allongée, étroite quand la lumière est intense, dilatée dans la pénombre – et de la cible qu'il fixe – juste avant de bondir sur sa proie, son iris devient un gros noyau.

Son champ de vision est de 287 degrés contre 180 degrés chez l'homme. C'est l'œil, l'arme fatale du chasseur. Nyctalope, il voit très bien dans la pénombre. Et s'il ne perçoit pas certaines couleurs comme le rouge, il saisit avec une grande acuité les mouvements vifs. C'est tout ce que la nature attend d'un chasseur de souris.

Ces yeux qui lui mangent le visage participent de sa séduction. Combien de fois avons-nous eu ces discussions silencieuses avec des greffiers qui vous couvrent d'un regard amical, puis font mine de s'intéresser à autre chose ou entreprennent une toilette soignée ? Un clin d'œil qui vous est adressé sera une façon de dire : « Oui, je t'ai vu, j'ai de la sympathie pour toi, mais reste où tu es. Je suis heureux, seul, sur mon banc. »

Avec les chats, nous sommes entre gentlemen, toute familiarité est inappropriée.

P

Paradis de Moncrif François-Augustin

Dans la France du XVIIIe siècle, un ouvrage a connu un certain retentissement. Ce petit livre était un éloge des chats, écrit dans un style précieux par le distingué François-Augustin de Moncrif, homme du monde d'origine anglaise. Vivant sous Louis XV, l'homme était un courtisan accompli. Il se montrait dévot avec la reine et follement enjoué lors des soirées à la mode. S'il est resté dans l'Histoire, ce n'est pas seulement pour son texte à la gloire des chats, mais aussi pour les bons mots qu'il inspira malgré lui à Voltaire. Ainsi, pour avoir commis cet éloge des chats qui connut du succès, l'homme de lettres fut baptisé « Montgriffe » et, quand il fit une demande pour devenir historiographe du roi, Voltaire le couronna « historio-griffe » du roi. Méchant, Voltaire ? Non, juste un peu taquin. Celui qui fut secrétaire du comte d'Argenson et lecteur de la reine Marie Leszczynska, nourrissait une vraie passion pour son sujet littéraire. Il était profondément choqué par les traitements infligés aux chats, qui étaient au mieux dénigrés au pire maltraités, torturés – jetés au feu lors des fêtes de la Saint-Jean, par exemple. Les petits félins avaient bien besoin d'un avocat. Même si on peut penser que la courtisanerie n'était pas absente de ses motivations (Louis XV aimait beaucoup les chats, contrairement aux autres rois de France).

Son livre raconte leurs moments de gloire, que l'Histoire a conservés. On n'échappe pas à l'Égypte et sa déesse des chats, ni à Mahomet et sa chatte couchée sur son vêtement qu'il dut découper pour ne pas la réveiller. Le style est un miracle de chichis précieux. On écarquille les yeux devant tous ces parfums, cette poudre odorante, ces dentelles de prose. Par son sujet original – certes, d'autres que lui avaient parlé des chats auparavant, comme du Bellay, Pétrarque ou Montaigne, mais Moncrif leur consacre un projet plus ambitieux – et parce que son écriture devait plaire à un lectorat féru de préciosité, le livre fut un succès. On le lit aujourd'hui avec le plaisir qu'on peut éprouver à regarder les objets relégués dans le grenier de sa grand-mère. Il est question, entre autres sujets, d'une ode au miaulement : « Les chats sont très avantageusement organisés pour la musique ; ils sont capables de donner diverses modulations de leurs voix, et dans les expressions des différentes passions qui les occupent, ils se servent de divers tons. [...] Les chats mis en possession d'une belle et grande voix, nous demanderons à leurs adversaires ce qu'ils pensent de cet assemblage du sistre et du gobelet trouvés tant de fois entre les pattes des chats. Il me semble, madame, qu'ils avoueront de bonne foi (car il y a de certaines vérités qui percent à travers la prévention) ; ils conviendront, dis-je, que le sistre, symbole de la musique, et ce gobelet qui réveille nécessairement l'idée des festins, découvrent évidemment que chez les Égyptiens les chats étaient admis dans les festins et qu'ils en faisaient les délices par le charme de leurs voix » – vous pouvez relire la phrase, elle est complexe. Moncrif appelle la déesse Bastet « déesse Chatte la mère des amours », loue les yeux des chats qui « portent avec eux la lumière même », ainsi que la pudeur « avec laquelle ils se cachent dans les moments où ils cèdent aux nécessités de la nature, et leur attention à dérober aux yeux les effets de cet assujettissement », mais plus que tout, cette *Histoire des chats* est un hymne à l'amour félin :

Ah ! quand on veut brûler de l'amour le plus tendre
Il faut aimer comme les chats.

Ainsi écrit Mongriffe, euh... Moncrif.

« La patte du chat »

Publiés en première édition en 1934, *Les Contes du chat perché* sont un recueil d'histoires animalières « écrit [...] pour les enfants de quatre à soixante-quinze ans » par Marcel Aymé (1902-1967). Parmi les dix-sept nouvelles, l'une d'elles, « La patte du chat », met le petit félin à l'honneur. D'ailleurs on prétend que les histoires furent racontées à Marcel Aymé par son chat...

Dans une ferme où animaux et humains se tolèrent et discutent entre eux de la façon la plus naturelle, vit le chat Alphonse, ami des petites filles Delphine et Marinette. Traité régulièrement de feignant par les parents qui le voient dormir et regarder par la fenêtre toute la journée, Alphonse endure bon an mal an son sort et réplique avec lassitude aux fermiers qu'ils ne le voient pas chasser la nuit.

Un jour de pluie, les petites filles restent à la maison et s'amusent à se poursuivre. La catastrophe arrive : un plat en faïence présent dans la famille « depuis cent ans » se brise et, quand les parents apprennent ce qu'il s'est passé, ils menacent d'envoyer les fillettes chez leur tante Mélina qui, en plus d'être « barbue » et de ne pas se lasser d'embrasser les petites, les pince, leur tire les cheveux et leur jure qu'elles lui ressemblent davantage chaque jour… Effrayées, les gamines conjurent Alphonse de les aider à échapper à la punition parentale. Il n'a qu'à passer sa patte derrière ses oreilles lors de sa toilette pour provoquer des averses et les fillettes lui seront reconnaissantes. Le bon Alphonse accepte et sur ce, la pluie se met à tomber continuellement. Le chat aurait pu se lasser de se nettoyer derrière les oreilles mais les fermiers sont des frustes qui, d'énervement, lui envoient coups de sabot et de balai. Alors le brave Alphonse décide de se venger – « il gardait des coups de sabot et des coups de balai un souvenir si vif que les petites n'eurent plus besoin de le prier pour qu'il passât sa patte derrière son oreille ». Et pendant huit jours d'affilée, la pluie s'abat sans discontinuer. Les parents de Delphine et Marinette ont bien compris qui était à l'œuvre dans cette catastrophe météorologique et décident de noyer le chat après l'avoir enfermé dans un sac de toile. Les fillettes ont beau supplier leurs parents de laisser le chat en vie, nous sommes dans les années 1920-1930, on ne fait pas dans la dentelle et on n'a pas de sensibilité pour les bêtes. On est même plutôt des Français moyens, le front bas, dans le genre à passer son temps à maugréer et à compter ses sous. Mais nos mousquetaires à fourrure et à plume n'ont pas oublié que l'union fait la force : tous les animaux de la ferme se réunissent autour de Delphine et Marinette pour chercher comment sauver le chat. Cochons, bœufs, chevaux et canards proposent des solutions sous les sarcasmes d'un coq irascible. C'est même une souris qui viendra en aide à Alphonse en entrant dans le sac de toile contenant une bûche censée donner l'illusion que le chat y est enfermé. La souris après s'être agitée pour suggérer que le chat se débat pourra s'échapper du sac par un minuscule trou. Le plan semble bien pensé et fonctionne parfaitement. Comme dans les films contemporains, « aucun animal n'a été maltraité ». Mais force est de constater que la pluie a totalement cessé en ce début d'été, et que c'est de mauvais augure pour les cultures. Les fermiers se mettent à regretter le chat et ses superpouvoirs. Celui-ci est caché dans la chambre des fillettes. Quand il est découvert, il se laisse supplier de rester à la ferme, au nom des récoltes qui pâtissent de l'absence de pluie. Le dieu chat, capable d'influer sur le temps, mérite bien une prière. Et le plus beau de cette histoire, c'est que la tante Mélina finit pas se raser et trouver un mari avec lequel elle part vivre à mille kilomètres des petites filles.

« Peines de cœur d'une chatte anglaise »

Cette nouvelle d'Honoré de Balzac (1799-1850) fait partie des *Scènes de la vie privée et publique des animaux*, parues en livraison puis en livre illustré entre 1841 et 1842.

De quoi est-il question dans « Peines de cœur d'une chatte anglaise » ? De l'éducation, de l'apprentissage d'une jeune lady, chatte blanche remarquable de beauté et pour cette raison baptisée Beauty, élevée dans les plus grandes maisons de l'aristocratie anglaise dont la vie parfaitement *proper* l'amène à se fiancer avec Puff, milord angora « aux couleurs de la maison d'Autriche ». La jeune beauté suit l'éducation anglaise à la lettre, incarne la *respectability*… et tombe sous le charme de celui qui n'aurait pas dû croiser sa route. Le jeune Brisquet, félin français, aventurier sans le sou, intrépide, artiste, bien sûr, mais descendant du Chat botté, affirme-t-il. Ah, le fantasme du héros aristocratique chez Balzac… Beauty, séduite mais soucieuse des convenances, commence par mimer l'indifférence, rappelle au jeune audacieux « la majesté du *can't* anglais » alors qu'elle cède plus qu'elle ne le croit. Soudain, la belle découvre le charme du naturel, d'une certaine culture française où les amants se couvrent de mots tendres. Et c'est justement un mot qui la perd aux yeux de Puff et de la société entière. Appelant son mari « mon petit homme » (l'équivalent du « petit chat » des humains), la belle chatte est accusée de Criminelle Conversation pour s'être compromise en tant qu'épouse avec un chat d'une classe sociale inférieure, et jugée devant les Doctors Commons, écho animalier du Parlement anglais, alors que le fougueux Brisquet tombe sous les coups des gens de Puff.

« Apprenez à souffrir mille morts plutôt que de révéler vos désirs », écrit Balzac au commencement de l'histoire. Cet adage terriblement victorien rappelle l'univers d'un autre grand du siècle : Barbey et ses *Diaboliques*, plus particulièrement les personnages du « Rideau cramoisi ». Une jeune fille froide, secrète et muette se livre avec la dernière fureur à un beau militaire hébergé par ses parents dans le dos de ceux-ci et sous leur toit – sans, bien sûr, qu'ils ne soupçonnent quoi que ce soit. Convenances, feu sous la glace, tromperie… érotisme. Érotisme suggéré, certes : cette histoire comme les quatre autres nouvelles qui constituent l'ouvrage de 1840 sont destinées aux têtes blondes, mais Balzac, très à l'aise dans ce registre, restitue la version féline de certaines de ses héroïnes les plus troublantes : merveilleusement contenues en public, secrètement brûlantes (*La Duchesse de Langeais*). Et quelle est la société du XIXe siècle la plus avancée, la plus intraitable dans le domaine du paradoxe ? L'Angleterre, évidemment. Étroite, guindée, verbalement corsetée : caractéristiques qui concernent autant l'intime que le politique. Outre-Manche, chez la faune féline du XIXe siècle, les clubs et les sociétés fleurissent, cachent les complexités de la vie sociale. Et si la société Ratophile (société protectrice des rats) est estimable, c'est qu'on a déclaré qu'il était, dans l'ordre d'importance, non seulement vulgaire mais également cruel de courir après souris et autres rongeurs... alors qu'en réalité, le but de ces associations privées – nous apprend un milord – est de développer le mercantilisme britannique par un moyen ingénieux.

Quand la perversité des mœurs anglaises s'étend aux bêtes... On n'a pas besoin de faire référence à *La Ferme des animaux* de George Orwell pour voir là le pire de la société humaine qui accuse et détruit ceux qui s'aventurent hors du cercle. La fable animalière a beau aller à l'essentiel, elle possède souvent plusieurs niveaux de lecture.

De Beauty, l'auteur dit que « Byron l'eût adorée ». Elle a la beauté de celles qui savent sauver les apparences pour mieux « sacrifier [ensuite] les convenances, avec d'autant plus de charme qu'[elles se seront] plus retenue[s] en public[1] ». Tout un programme.

Perdu

Des pancartes dans les rues. Des minois de minets disparus. Des hommes et des femmes inquiets, angoissés, vivant mal. Des petites annonces sur les réseaux sociaux « Cherche Caramel, Nuage, Vénus, Beauty, Pilepoil, Cumulus, Ragondin, Toulouse, Mistigri », suivies d'une description, d'une photo, d'un numéro de tatouage. Un chat disparaît et plus rien n'est comme avant. La vie se vide. Le quotidien nous renvoie à la perte. Plumelle était toujours dans ce fauteuil et je l'y vois en souvenir, mais

1. *Éloge du chat*, *op. cit.*

aujourd'hui, aucune petite silhouette roulée en boule à l'endroit le plus moelleux de l'appartement. Les larmes montent aux yeux. La disparition est un deuil sans soulagement.

Chacun cherche son chat est le titre d'un film de Cédric Klapisch sorti en 1996. Une jeune femme, Chloé, confie son chat à une voisine du quartier Bastille avant de partir en vacances. À son retour, elle apprend que le chat a disparu en passant par la fenêtre. Tout le petit cercle de Chloé va partir à la recherche du matou et mettre en branle un réseau de vieilles dames et d'habitués du quartier Bastille. Le chat sera retrouvé. Un film émouvant sur l'histoire de ce quartier parisien fonctionnant tel un village. On pense à la comptine « C'est la mère Michel qui a perdu son chat… »

Dire que son chat est « perdu », c'est déclarer son désespoir, c'est attendre l'aide d'autrui. Si tout le monde pouvait mettre du sien pour apaiser les souffrances des humains qui ont perdu leur compagnon…

La perte d'un animal vous empêche-t-elle de « faire le deuil » ? C'est bien possible. L'imagination travaille alors continuellement. Les suppositions déferlent. Un enlèvement ? Par qui ? Un enfant, un adulte en mal de chat, un mafieux de la fourrure ? Un accident de voiture l'aurait-il laissé mourant sur un coin de route ? Ou bien embarqué par les éboueurs ? Est-il enfermé dans une cave, miaulant depuis des heures pour qu'on le libère ? Toutes les théories se bousculent dans votre tête.

On se souvient de *Mitsou* (*voir cette entrée*), le chat de Balthus que l'enfant perdit alors qu'il l'avait trouvé et adopté peu de temps auparavant.

Et s'il existait un lieu où les chats perdus étaient réunis, un lieu mirifique comme le triangle des Bermudes, un lieu que seuls les chats perdus pourraient atteindre ? Les chats seraient aimantés par cette Arcadie féline, ils s'y rendraient en suivant leur instinct. Là-bas, tout serait confort, joie de la chasse, la température serait chaude mais pas caniculaire, les proies seraient faciles et consentantes, la nourriture serait abondante et aucune porte de frigo n'en interdirait l'accès. Les félins feraient connaissance, des histoires se noueraient entre matous et minettes…

À ceux qui ont traversé cette épreuve, j'envoie mes amicales pensées et tout le courage qu'il faut pour ne plus souffrir.

Pluie

En anglais, « il pleut des hallebardes » se traduit par *it's raining cats and dogs* : « il pleut des chats et des chiens », expression que nous avons tous apprise au collège. Le moins que l'on puisse dire, c'est que l'image est forte.

Mais autant une averse peut en effet ressembler à des chutes de hallebardes, autant il est difficile d'y voir des chats et des chiens tombant du ciel. Ce déluge félin-canin résiste à l'analyse. À moins que les Britanniques n'aient en tête une bataille entre espèces contraires comme le sont les canidés et les félidés. Une bagarre où on ne distinguerait plus ni chats ni chiens mais un amas de colère ? Une rixe mythologique à l'origine de la création de l'élément eau ? Je n'ai que l'imagination pour tenter d'approcher le secret de la formule *it's raining cats and dogs*.

Je finis par donner ma langue au chat.

Plumelle

Jérémy Fel est un ami écrivain. La vie nous a réunis autour des livres grâce à une éditrice, Émilie Colombani, des éditions Rivages.

Jérémy publiait à cette époque un thriller qui vous empêchait de dormir la nuit : *Les Loups à leur porte* (Rivages, 2015).

Deux ans après notre rencontre, j'ai appris la grave maladie de sa chatte Plumelle. J'ai accompagné Jérémy chez la véto quand il a pris la courageuse décision d'abréger les souffrances de son chat de seize ans. Étonnamment, c'est la seule euthanasie d'animal à laquelle j'ai assisté. Jusqu'alors, c'était mes parents qui accompagnaient nos minets malades à leur dernier rendez-vous vétérinaire.

Jérémy était abattu mais il a agi par amour pour que Plumelle ne souffre plus. J'ai été témoin de son combat intérieur et de son acceptation de la parole de la vétérinaire, très émue également.

Ce fut une mort très douce pour Plumelle.

Mais Jérémy ne s'est toujours pas remis de cette disparition.

Il s'est effondré.

Certains pourraient s'étonner que l'auteur d'un roman si cruel soit si perdu face à la disparition d'un simple chat de gouttière.

J'ai voulu lui laisser la parole.

S. H. De quand date ton amour des chats ?

J'ai toujours aimé les chats. J'en voulais déjà un quand j'étais tout jeune, mais ma mère n'était pas pour, elle qui a été traumatisée par la mort accidentelle de Gypsy, la chatte qu'elle a eue peu avant ma naissance.

J'ai toujours aimé leur côté mystérieux, indépendant, leur intelligence et leur classe naturelle, leur façon de ne donner leur affection qu'à ceux qui, selon eux, la méritent (ou, OK, à ceux qui les nourrissent suffisamment bien).

J'ai parfois gardé, étant étudiant, les chats d'amis quand ils partaient en vacances, sans pourtant franchir le pas. Je ne voulais pas d'animal à moi, me demandant peut-être si je saurais être responsable de la vie et du bien-être d'un animal, sachant par avance que je serais inconsolable quand viendrait l'inévitable moment de sa perte. (J'ai quand même passé, quand j'étais petit, une journée à pleurer car j'avais vu, dans un film, un oiseau mourir.)

Et puis, alors que j'étais encore un jeune adulte, mon chemin a croisé, lors d'une des plus belles périodes de ma vie (les débuts de la vie parisienne), le chemin de Plumelle.

Quelle a été ta relation avec Plumelle ?

Plumelle est arrivée dans ma vie à un moment très particulier. Et de façon tout aussi particulière. Je vivais à l'époque à Suresnes, chez ma grand-tante Éliane, qui était une femme en tous points admirable. Pendant qu'elle était malheureusement hospitalisée après une mauvaise chute, sa fille a emménagé chez elle pour quelques mois avec une chatte qui venait d'avoir une portée de quatre chatons. Tous étaient déjà réservés, chez des membres de la famille ou des collègues de travail de ma cousine. J'ai vécu avec eux pendant deux mois, puis il a fallu s'en séparer un à un. La personne qui devait prendre l'un des deux derniers n'en a subitement plus voulu car on pensait qu'il s'agissait d'un mâle, et cette personne voulait absolument une femelle. J'ai alors décidé de le garder avec moi, sans trop réfléchir, ne pouvant me résoudre que cette petite boule de poil finisse à la SPA. Je l'ai d'abord appelé Othello, à cause de son poil noir et de la tache blanche qu'il avait au poitrail. Lors de sa première visite chez le vétérinaire, je me suis rendu compte qu'il s'agissait finalement d'une femelle. J'ai eu chaud, on peut le dire, car sans l'erreur de mon oncle, je n'aurais jamais eu la chance de vivre seize années à ses côtés.

Plumelle a été une compagne de vie extraordinaire. Une vraie « lady », très éveillée, très gracieuse dans ses mouvements, et qui savait parfaitement se faire comprendre des autres. Elle avait un corps fin et alerte, avait le poil très doux et brillant, un fort caractère, « parlait » beaucoup (de par son sang de siamoise, peut-être), du style à grogner quand quelqu'un osait frapper à la porte sans invitation, à me harceler de vocalises quand elle avait faim ou que ce que je lui donnais ne lui convenait pas. Elle avait aussi ses têtes, autant celles à qui elle faisait la fête dès qu'elle les voyait, que ses têtes de Turc. Je l'ai, par la suite, emmenée partout. Sa présence est vite devenue indispensable à mon bien-être, et la mienne, j'ose l'espérer, au sien. La première fois qu'elle m'a fait un câlin « de son plein gré », c'était quand j'ai vraiment compris que ma grand-tante Éliane était décédée, et que je me suis mis à pleurer sur mon lit en écoutant la symphonie n° 3 de Górecki. Elle avait à peine trois mois, il me semble. J'ai alors compris que j'avais eu une riche idée en l'adoptant.

Plumelle était un petit être très sensible. Son regard vert pâle et intense me faisait croire qu'elle comprenait mes paroles et mes gestes, et elle a pris dans ma vie une place immense, unique, irremplaçable. Tous ceux qui m'ont côtoyé pourront en témoigner. J'étais vraiment chez moi quand j'étais près d'elle, pouvais m'endormir sereinement quand elle dormait à mes côtés. Le simple fait que nous soyons séparés pour quelques jours, lors notamment de mes rencontres en librairie pour la sortie de mon premier roman, était assez difficile à vivre. Je m'inquiétais tout le temps pour elle. Depuis sa disparition en novembre dernier, j'ai dû commencer une psychothérapie et soigner une dépression naissante. J'ai tout tenté pour sauver Plumelle, qui souffrait malheureusement d'un mal inguérissable que je ne veux pas nommer ici, mais j'ai dû me résoudre, en accord avec ma vétérinaire, à la laisser partir avant qu'elle souffre trop, accompagné dans cette épreuve par une amie chère, une certaine Stéphanie Hochet. Cette perte n'en finit pas de me faire du mal, de me faire me sentir terriblement seul, même s'il faut continuer à vivre. Pour moi, pour elle.

Afin de me consoler, je me dis qu'elle a malgré tout vécu seize ans en compagnie d'un maître qui manifestait envers elle quantité de preuves d'amour. J'ai moi-même compris, lors de ma psychothérapie, que Plumelle avait, à sa façon, comblé un vide laissé par la mort de mon frère jumeau dans le ventre de ma mère. Grégory est mort étouffé près de moi car nous étions beaucoup trop gros, plus de trois kilos cinq chacun, et parce que le médecin de l'époque n'a pas voulu provoquer l'accouchement. J'ai vécu plusieurs jours avec mon jumeau mort à mes côtés, avant de naître enfin, moi-même en sale état. Mon rapport à la mort est depuis assez particulier, source d'angoisses multiples. Plumelle, par sa seule présence, a réussi à m'apaiser, mais mon angoisse principale restait de la perdre un jour. Quand ce jour est venu, la situation m'a paru absurde, impossible. Plumelle est partie dans mes bras, lors du dernier câlin que nous avons pu partager. C'est peut-être étrange à croire pour certains, mais je suis très bien placé pour savoir à quel point un animal peut avoir, dans une vie, une présence aussi forte que le membre le plus cher de notre propre famille. Dorénavant il n'y aura pas un jour où je ne penserai pas à elle. Pour paraphraser Hugo, Plumelle n'est plus là où elle était, mais elle est à présent partout là où je suis.

Penses-tu qu'il existe un chat plus important que les autres dans la vie ?

C'est difficile de répondre à cette question. Je sais que personnellement je ne pourrai, du moins pour le moment, pas reprendre d'autre chat. Et que si c'était le cas un jour, ma relation avec Plumelle aura été si fusionnelle et particulière qu'il sera vraisemblablement impossible d'en reconstruire une équivalente avec un autre animal.

Mais c'est aussi le propre des relations que de pouvoir se succéder sans nécessairement avoir à se comparer. De chaque fois construire quelque chose de différent. Une autre histoire. Je connais beaucoup de personnes qui ont eu plusieurs chats et les ont chacun aimés à leur manière. Cela me paraît, de façon générale, tout à fait naturel.

Un jour, donc, peut-être…

POLITIQUE

Mais de quel bord politique sont les chats ?

Si l'on se fie à Rabelais ou à La Fontaine qui peignent les chats comme de grands seigneurs cruels et hypocrites, *Raminagrobis* est un homme-chat juriste ou roi, engoncé dans un manteau de fourrure soyeuse, capable d'amadouer et d'inciter à la confidence avant qu'il ne s'abatte sur ses sujets/proies et les dévore. Les chats, à la Renaissance, se voient invités en littérature pour incarner les grands personnages de pouvoir, les hommes de religion ou les hommes de loi dans leurs manteaux d'hermine qui « font la *chattemite* » pour mieux berner leur monde, les seigneurs heureux de profiter de la crédulité de leurs sujets (« Le Chat, la Belette et le petit Lapin »). Le chat serait alors un royaliste – du moment qu'il est le roi ou un personnage important de la monarchie. D'ailleurs, sa façon naturelle d'ignorer celui qui lui prête attention est une attitude très aristocratique.

Encore aujourd'hui, certains considèrent le chat comme une créature naturellement dominante et autoritaire : « Les chiens ont des maîtres, les chats ont des serviteurs », dit le journaliste américain Dave Barry.

À partir de l'époque romantique, la vision que l'homme se fait du chat évolue. Et si le chat n'était pas plutôt un être libre et associable ? Une sorte d'anarchiste, ou plutôt de fouriériste ne reconnaissant aucune loi ? E. T. A. Hoffmann dans *Le Chat Murr* fera dire à son narrateur chat : « ma race, née libre et indépendante », et depuis lors, les écrivains ne semblent plus le voir autrement. Comme cela paraît évident quand on constate que le chat n'aime pas les portes fermées et que la simple vue de l'une d'elles lui donne envie de passer de l'autre côté (d'où l'invention des chatières). Les écrivains se seraient-ils donné le mot ? Guy de Maupassant l'a bien exprimé dans *Sur les chats* : « Il circule comme il lui plaît, visite son domaine à son gré, peut se coucher dans tous les lits, tout voir et tout entendre, connaître tous les secrets, toutes les habitudes ou toutes les hontes de la maison. Il est chez lui partout, pouvant entrer partout, l'animal qui passe sans bruit, le silencieux rôdeur, le promener nocturne des murs creux. » Après s'être fait passe-muraille, le chat devient ombre. Il va partout, souple et silencieux, aucun obstacle ne le gêne. Il ne connaît pas l'interdit (quelle chance !), il défie les lois de la pesanteur sur les gouttières.

Les écrivains aujourd'hui soulignent sa liberté, son aisance à être chez lui partout, son indépendance. Théophile Gautier, Pascal Quignard, Jeanette Winterson et tant d'autres ne le voient pas autrement.

En conclusion, ce qui ne ressemble pas au chat : la démocratie. Vous ne le verrez soutenir ni la gauche ni la droite, tout simplement parce que le chat ne peut se reconnaître dans un système où la majorité dicte les lois. Le chat est trop individualiste pour ça. Il a trop le sens de la majesté, il aime par-dessus tout le goût de la liberté totale, non celle qui s'arrête quand on empiète sur celle du voisin, mais la liberté absolue, enivrante, celle de pouvoir circuler partout (« Je suis le chat qui s'en va tout seul et tous lieux se valent pour moi », écrit Kipling), celle d'être servi par un maître aimant, celle qui consiste à tuer un mulot qui s'agite sur le sol…

Ponctuation

Regardez bien un chat. Comme ses courbes évoquent les pleins et les déliés des lettres de l'alphabet. Comme son corps est un dessin vivant qui aurait pu être élaboré à l'encre de Chine, à l'aide d'une plume extrafine. D'ailleurs, pourquoi les artistes japonais donnèrent-ils parfois une forme de chat à leurs idéogrammes ? Le corps du félidé est l'incarnation de l'écriture, et plus encore de la ponctuation. Sa queue dessine-t-elle un point d'exclamation ou d'interrogation ? Bernard Pivot affirme que « le chat ressemble à une virgule » quand je me demande s'il n'est pas « un point d'interrogation se promenant sur des coussinets » (*Éloge du chat*, *op. cit.*).

Représentant vivant de l'écriture, le chat se lie aux écrivains de la façon la plus intime qui soit. Il est sujet littéraire depuis des lustres, il prend une place aussi prépondérante que l'amour parmi les thèmes littéraires. Il ponctue la vie des écrivains, devient leur respiration. Il paraît naturel qu'il s'installe sur la feuille de papier au moment où l'écrivain se met au travail. Ainsi, Malraux confie : « Quand le chat s'endort sur ma feuille, j'écris autour du chat. »

Poules et paons

Pourquoi le gallinacé aurait-il sa place dans cet éloge ? Parce que Anny Duperey. Cette artiste de théâtre avait le fantasme d'un retour à la campagne, par nostalgie pour sa petite enfance où elle avait été élevée dans la ferme de sa tante après la mort tragique de ses parents. Amoureuse des chats depuis longtemps, elle raconte dans son livre intitulé *Le Poil et la Plume* (Le Seuil, 2011) son envie de s'entourer de volatiles, gallinacés et autres pigeons, paons, etc. dans sa propriété située dans la Creuse. Elle raconte son apprentissage de l'élevage de bêtes à plume qui ne manque pas d'intéresser ses trois félins.

Le jour où elle sauve un jeune pigeon délaissé par ses parents, elle découvre l'incrédulité dans le regard de ses chats : « Quand il était tout petit, presque immobile dans son cageot, ils reniflèrent avec curiosité cette drôle de bête toute nue dont le piaillement les avait attirés. Ils tentèrent mollement d'avancer une patte, mais un simple et calme "non" les en dissuada. Ils assistaient aux repas, mais se détournaient rapidement avec indifférence. Ce truc qui couinait en parcourant la table – "ploc-ploc-ploc" – n'était vraiment pas intéressant, et ils semblaient se demander, avec un léger mépris dans leur œil de chat, pourquoi je m'y intéressais tant. » Puis le jeune pigeon grandit et bat des ailes, et elle craint que ce bruit irrésistible n'éveille l'instinct du chasseur des minets. Il n'en fut rien, heureusement. Elle retrouve un jour le jeune pigeon picorant des miettes de pain dans la cuisine sous le regard des chats assis et calmes.

Encouragée par cette bonne entente, elle entreprend de développer son poulailler.

L'arrivée de paons va provoquer une grande émotion et un sentiment d'offense chez les chats. Anny Duperey raconte : « Le premier qui vit l'envahisseur à longue queue se promener dans l'herbe à une dizaine de mètres devant lui en eut les yeux qui lui sortaient de la tête ! Puis les deux autres chats vinrent bientôt le rejoindre pour constater le scandale, avec la même expression sidérée. Incrédules, cloués sur place, les yeux de plus en plus exorbités, ils regardaient l'énorme oiseau aller et venir comme s'il était chez lui. C'est fou comme un chat peut prendre un faciès de lémurien dans la stupeur. »

Finalement, ces grands oiseaux à la roue glorieuse vont devenir un spectacle intéressant pour les greffiers, toujours aux premières loges. « Suivant les évolutions des paons et paonnes aux alentours de la volière, les chats se déplaçaient et se rasseyaient en brochette pour ne pas les quitter du regard, en conservant la même respectable distance. Ce round d'observation dura un bon moment, et nous étions au bord de nous lasser de la monotonie du spectacle quand l'une de mes chattes s'enhardit soudainement et entreprit de contourner les oiseaux pour arriver derrière eux et les surprendre. Le ventre et le museau au ras du sol, l'approche était stratégique, prudente mais déterminée. Ayant progressé de touffes d'herbes en petits arbustes, ma chatte téméraire profita d'un moment où le paon lui tournait le dos et, pouf, posa une patte sur l'extrémité des plumes de sa longue queue. D'abord, le paon ne sentit rien et continua à chercher de petits insectes au sol. Il fallut un second coup de patte plus appuyé pour qu'il se retourne vers elle.

« Oh, il ne se passa pas grand-chose ! Le gros oiseau, pas ému pour un sou, allongea le cou et fit juste un pas vers l'audacieuse qui avait osé toucher l'admirable parure de son arrière-train. Ma chatte ainsi mise en garde, et peut-être effrayée par le bec du paon – un bec pointu très impressionnant, mais dont je n'ai JAMAIS vu un paon se servir pour agresser qui que ce soit. hommes ou bêtes –, battit en retraite. Les paonnes, de leur côté, continuaient de découvrir leur nouveau domaine, en ignorant totalement les félins ! »

La comédienne se demande comment évoluera la cohabitation. Elle sera rapidement rassurée. « Ils s'accoutumèrent si bien à cohabiter que j'assistai un jour à un spectacle charmant : l'un de mes chats, Titi, un chartreux débonnaire, faisait la sieste, allongé de tout son long devant la porte. Léon vint se coucher lui aussi sur les pierres chaudes de la terrasse, si près du chat que les longues plumes de sa queue recouvrirent le corps de celui-ci comme une couette. Ils restèrent un long moment ainsi, pas plus gênés l'un que l'autre par cette promiscuité inhabituelle. »

Le livre est une somme impressionnante de renseignements sur les gallinacés et autres paons. La comédienne ne peut manquer d'évoquer Flannery O'Connor que l'amour des paons mena à en élever des dizaines. Mêler les félins à un élevage de volatiles restera la touche d'Anny Duperey. Ses chats parcourent le livre par petites scènes, révélant leur curiosité, une certaine bonhomie envers la race aviaire et un goût certain pour la vie entre espèces. Jamais le « poil » ne prend le dessus sur la « plume ». Les chats seraient-ils des individus emplis de bienveillante sagesse ?

PROTOCOLE POUR LE NOUVEAU VENU DANS UNE MAISON DE CHATS

« Les amoureux fervents et les savants austères » vous le diront : on ne présente pas de façon anarchique un nouveau venu de l'espèce féline à un chat résidant dans un appartement ou une maison. Il existe un protocole, comme à la cour d'Angleterre.

Dans un premier temps, il faut séparer le nouveau chat, qu'il soit adulte ou chaton, du chat maître des lieux, les installer dans des pièces différentes.

Il est avisé de les habituer à l'odeur de l'autre avant de les mettre physiquement en contact. Et pour cela, frottez un coton-tige sur les joues de chaque chat (où sont situées les phéromones), faites-le renifler à l'autre pour que chacun s'habitue à l'empreinte olfactive de son nouveau compagnon. Le jour suivant, accordez-leur cinq minutes de présentation, puis séparez-les de nouveau. Au bout de quelques jours, l'entente ne devrait pas être cordiale, ne rêvez pas, mais tolérée. Le temps fera le reste et il est très probable qu'ils deviendront assez intimes pour dormir ensemble.

On m'assure que ce code de bonne conduite a été approuvé par la reine d'Angleterre.

Richelieu

On aime ou on déteste Armand Jean du Plessis de Richelieu (1585-1642) dont la personnalité inventive et machiavélique aura fait couler tant d'encre. Les académiciens se doivent de lui rendre hommage puisqu'il est à l'origine de la très noble et barbante Académie française, les lecteurs d'Alexandre Dumas verront toujours en lui la caricature du dangereux dévot parvenu au sommet du pouvoir, qui mènera la guerre aux duellistes tels les hardis mousquetaires. On le verra toujours comme un homme d'Église et de pouvoir raffiné, jésuite, capable de se rendre indispensable au souverain en avançant prudemment, tel un chat. De fait, le prélat pourrait évoquer le petit félin : si la direction des affaires royales était une chasse, il y serait un prédateur redoutable. Entouré d'ennemis, Richelieu dut utiliser toute sa finesse machiavélique pour revenir dans les grâces du souverain. Il finit par occuper la première place et son influence contribua à renforcer l'absolutisme royal. En augmentant le poids des taxes pour les petites gens, il devint très impopulaire.

Mais ce qui aggravait sa mauvaise réputation était que Richelieu aimait, adorait, était fou des chats, en particulier des persans.

En 1624, il fit l'acquisition de l'hôtel Rambouillet qu'il modifia et rebaptisa « Palais cardinal » – aujourd'hui Palais-Royal –, et y installa sa chatterie. Quatorze chats intégrèrent le palais tandis que deux domestiques personnels étaient chargés de servir ces majestés fourrées en blanc de poulet et autres délices. Le médecin personnel de Richelieu devait veiller à la santé de ces petits chéris. Une telle passion ne pouvait passer inaperçue. Le cardinal aurait moins pâti, sans doute, d'un penchant pour les jeunes femmes. François Maynard, un poète aigri, déchu de la Cour, écrivit à son propos : « Le tyran mitré de la France trouva pourtant un cœur de chair près de la miaulante engeance. » Les moqueries allaient bon train. D'autant qu'on était en pleine période de chasse aux sorcières (que leurs chats suivaient généralement au supplice), pour lesquelles le cardinal n'avait aucune tolérance. Mais, une fois revenu chez lui, Richelieu s'amadouait devant sa chatte préférée, Soumise, et ses compagnons : Serpolet, Gavroche, Gazette, Lucifer…

Tous portaient un nom en rapport avec leurs caractéristiques personnelles ; Lucifer – ironie chez l'homme d'Église qu'était le Cardinal – était noir de jais, Gazette indiscret, Mounard le fougueux querelleur et vif. Rubis sur l'ongle, soucieux de son apparence, buvait son lait toujours jusqu'à la dernière goutte.

Bref, cette passion féline ne le rendait pas sympathique, bien au contraire. Et peut-être le goût de représenter dans les fictions le méchant (*voir cette entrée*) caressant longuement un chat persan est-il un héritage de Richelieu.

Hélas, tout finira mal à la mort du Cardinal. Il avait pourtant légué argent, personnel et lieu de vie à ses petits amis.

Mais la garde suisse préféra tuer les animaux héritiers de Richelieu. Acte de haine ou acte intéressé ?

Rock

Steven Demetre Georgiou naquit à Londres en 1948, de nationalité anglaise, bien que son père fût chypriote et sa mère suédoise. À dix-huit ans, il intéressa un producteur convaincu par son talent d'auteur-compositeur-interprète. Mais son nom posait problème : « Steven, d'accord. La suite, non. » Le jeune homme ayant confié que sa petite amie lui trouvait des yeux de chat : « Va pour Cat Stevens », dit le producteur.

Le premier album de Cat Stevens parut en 1966 et connut un succès immédiat. Tout le monde se rappelle encore *Wild World* et *Lady d'Arbanville.*

Le deuxième album fut un triomphe.

En 1977, frappé d'une illumination, Cat Stevens se convertit à l'islam et changea une nouvelle fois de nom. Il s'appelle désormais Yusuf Islam. Il est toujours chanteur, mais personne ne le connaît sous cette identité.

Sa carrière de rock star planétaire a coïncidé avec les années où il était un chat.

On pourrait également citer les courageuses Pussy Riot (traduction : « émeute de chattes »), ces jeunes féministes russes dont les performances artistiques avaient une dimension politique qu'elles ont chèrement payée. Le groupe formé à Moscou en 2011 tentait de promouvoir le droit des femmes dans une Russie patriarcale particulièrement violente envers le deuxième sexe ou les minorités sexuelles. C'est au prétexte d'une « prière punk », exhibition jugée profanatoire dans une église orthodoxe, que trois d'entre elles ont été condamnées à deux ans d'emprisonnement dans un camp de travail de

Sibérie, comme au temps de Staline. Elles furent accusées de vandalisme et d'« incitation à la haine religieuse » (*Charlie Hebdo* aurait été accusé de la même charge au pays de Poutine). Ekaterina Samoutsevitch fut libérée en septembre 2012, Nadedja Tolokonnikova et Maria Alekhina retrouvèrent la liberté en décembre 2013.

Le plus étonnant avec les Pussy Riot, c'est qu'elles ont éveillé les haines et les peurs inspirées naguère par les sorcières. De jeunes femmes libres et revendicatrices s'associant à la figure du chat – ou de la « chatte », mot crûment sexué – ont été diabolisées au point d'être mises au ban de la société. Impossible d'oublier leurs jeunes visages intrépides au moment de leur arrestation, leur détermination, leur courage inaltérable devant l'autoritarisme de la politique et de la justice russe.

Rousseauiste

Un être qui aime follement se promener dans la nature, se méfie de la société – source du mal –, prône la solitude et les rêveries solitaires n'est-il pas un chat ? Profiter du groupe humain pour assurer sa survie et provoquer son admiration alors qu'une pulsion vous entraîne vers les forêts, n'est-ce pas ce que réalise le chat ? Le greffier n'est peut-être pas philosophe, mais il est certainement rousseauiste. D'ailleurs, comment ne pas être horripilé par le narcissisme et l'égocentrisme de Rousseau ? Et pourtant, il suffit de lire quelques lignes de lui pour l'aimer. En cela, il ressemble au chat : son idée peut irriter, mais sa réalité est irrésistible.

Le Royaume des chats

Neko no ongaeshi, littéralement « La gratitude du chat » est un film d'animation japonais du studio Ghibli réalisé par Hiroyuki Morita, sorti en 2002 au Japon et en 2003 en France. Ce film est une adaptation d'un manga célèbre d'Aoi Hiiragi, intitulé « Baron : neko no danshaku », ce qui se traduit par « Baron, le chat baron ».

Ce petit conte contemporain met en scène une jeune fille timide, Haru, qui a du mal à s'affirmer et qui sauve des chats à plusieurs moments de sa vie. Sur le chemin de l'école, elle rattrape un joli minet qui porte un paquet dans la gueule, en prenant le risque de traverser une rue très fréquentée par des chauffards. Le chat se dresse sur ses pattes arrière, s'incline, la remercie en lui parlant japonais et se présente comme « Loon, prince du Royaume des chats », ajoutant qu'il trouvera le moyen de montrer sa reconnaissance.

Durant la nuit, une procession de matous en tenue d'apparat rend visite à Haru. Le prince des chats en personne lui annonce qu'en remerciement de son geste envers son fils, la jeune fille pourra épouser son héritier.

Le lendemain, elle découvre que son jardin est envahi par de l'herbe à chat et que son casier de lycéenne est rempli de boîtes contenant des souris vivantes…

Effrayée, la jeune fille s'enfuit. Au moment où elle allait désespérer, une petite voix la guide vers un gros chat blanc qui parle japonais et l'emmène au « ministère des chats » situé dans une ville à taille réduite où réside un élégant minet vêtu d'un haut-de-forme et d'une queue-de-pie, le fameux baron. Celui-ci écoute la jeune fille qui ne peut accepter un mariage avec un animal, quand bien même celui-ci serait un beau greffier bien né – quoi qu'elle se dise *amoureuse* du chat baron. L'élégant baron promet de l'aider à régler cette affaire.

Lors d'un voyage au Royaume des chats, un monde parallèle où les félins forment une société féodale, Haru se voit partiellement transformée en chatte. Cette métamorphose l'effraye comme si ce rêve de bestialité était une épreuve avant son passage à l'âge adulte.

Ce film, assez enfantin, aura néanmoins eu le mérite de donner une importance symbolique et quasi psychanalytique aux greffiers.

S

Saint-Séverin

Un épisode de l'histoire féline de France des plus sanglants continue de susciter l'effroi, des siècles plus tard.

En 1730, un ouvrier typographe appelé Nicolas Contat raconte dans ses mémoires l'épisode dont il a été témoin et qu'on a nommé « le massacre de la rue Saint-Séverin ou le grand massacre des chats ». Apprenti typographe dans la rue Saint-Séverin, il rend compte de la vie difficile des jeunes ouvriers mal nourris, mal logés, humiliés par leur patron, l'imprimeur Jacques Vincent, qui de surcroît les accable de travail. Son épouse nourrit sa chatte appelée La Grise de morceaux choisis de poulet et la gâte de mille autres façons. La colère monte chez les apprentis qui sont moins bien traités que des animaux et doivent subir chaque nuit les miaulements des chats des environs. Ils décident d'imiter les miaulements incessants juste sous les fenêtres de leurs patrons trois nuits de suite, pour que ceux-ci finissent par leur demander de les en débarrasser. Ils obtiennent satisfaction, les patrons les supplient de tout faire pour « écarter ces animaux malfaisants ».

Le massacre commence dans la nuit du 16 au 17 novembre. On commence par occire la chatte de la femme de Jacques Vincent, La Grise, puis c'est le tour de tous les félins du quartier. On les rassemble dans la cour et on se pique de faire un procès à ces animaux à moitié morts. Cette frénésie dure une semaine, durant laquelle une centaine de minets subit tortures et mises à mort. Pendaisons, étranglements, égorgements, la liste est longue. La tuerie fait tourner les têtes, ne semble pas devoir s'arrêter. Sur fond de luttes sociales (légitimes), on torture des quadrupèdes innocents, comme si les fêtes cruelles du type carnaval et carême qui pouvaient être le théâtre de la torture des chats depuis la fin du Moyen Âge avaient créé des précédents.

1730 n'est pas loin de 1792. Se faire la main sur des animaux prépare à s'en prendre aux privilégiés, aux despotes ou à ceux qu'on voit comme tels. Une pratique humaine, tellement humaine.

Sapin

Dans ce monde où le chat n'est plus désigné comme le représentant du diable sur terre, dans nos sociétés où la grande majorité des chats adoptés n'ont plus d'ennemis et ne doivent plus offrir leurs talents de chasseurs pour être accueillis dans les foyers, le chat a sans doute fini par s'ennuyer et a ressenti le besoin de se trouver un nouvel ennemi. Cet ennemi est le sapin de Noël.

Apparaissant régulièrement au cœur de l'hiver pour disparaître au bout d'un mois en général, cet arbre de taille modeste envahit les appartements, couvert de décorations provocatrices. Ici ce sont des boules qui pendent et renvoient des reflets, là de longues chaînes de rubans dorés assez souples pour réagir au moindre coup de patte. Enfin, ces fanfreluches disposées sur l'arbre éveillent l'instinct du chasseur, d'autant qu'elles ont l'outrecuidance de résister aux assauts. La présence d'un arbre étant déjà une provocation pour un grimpeur hors pair comme *catus*, cet ensemble voyant, pendouillant d'imitations d'oiseaux, de boîtes à cadeaux enrobées de papier brillant ou de pommes de pin sont des offenses à tout honorable matou. Même un chat bouddhiste ne garde pas son calme devant cette chose. Vous pourrez vérifier sur internet qui propose maintes vidéos sur ce thème.

Car le greffier possède un sens de l'honneur qui lui interdit de refuser le combat avec quiconque le provoque en duel.

Ainsi, ne soyez pas surpris de voir Minet escalader l'ennemi et donner de fameuses gifles aux petits objets pendants. Et si la chose entière tombe sous sa fureur, c'est que vous l'avez bien cherché. Il est écrit qu'aucun félin ne se calmera avant d'avoir fait rendre gorge à ce satané guignol vert vêtu de clignotants. Honneur aux chats, gloire à la fierté féline, à bas les conifères et leurs alliés flavescents !

Savon de Marseille Le Chat

Serait-ce parce que le greffier a la réputation d'être particulièrement propre et même obsédé par sa toilette que l'usine marseillaise Fournier-Ferrier, créatrice de la marque La Grande Savonnerie, baptisa ses savons en forme de cube du glorieux nom Le Chat ? C'est une question qui doit traverser la tête de tout le monde et à laquelle j'essayais de répondre quand j'étais gosse, espérant découvrir un élément typiquement félin dans cette marque au nom attirant. Je n'ai jamais trouvé l'explication de cette appellation.

En 1989, la marque a lancé un plan de communication sur la qualité d'un « sans phosphates », prétendant que la lessive Le Chat « protège l'environnement »...

Mais l'heure de gloire de la marque a été orchestrée par un sketch des Nuls parodiant la publicité. On y voit un homme tiré à quatre épingles expliquer les mérites écologiques de la lessive Le Chat en enfermant un matou (factice, heureusement) dans une machine à laver qu'il met en marche... « N'oubliez pas de faire bouillir votre chat. C'était un conseil du CCC, le Comité contre les chats », dit la voix off. La scène suivante montre le chat pendu à un fil où sèchent des vêtements. Il est encore vivant et miaule lamentablement jusqu'au moment où une espèce d'homme des cavernes débarque et frappe le présentateur de la lessive ainsi que le pauvre matou en criant « Calgon ! » (en référence à une autre marque de détergeant dont la publicité se voyait beaucoup à la télé à la même époque).

L'humour noir, typique des Nuls, ne connaît aucun tabou. Et il faut avouer que là réside leur charme.

Sourire

Les chats sourient-ils ? L'expérience d'une vie quotidienne avec un chat nous l'a prouvé, les greffes peuvent esquisser un mouvement des lèvres qui évoque le sourire que nous connaissons chez les humains. Cette similitude avec l'expression faciale humaine est-elle une imitation ? Difficile à dire. L'artiste coréenne Kwon Yoonjoo (*voir cette entrée*) a illustré ce phénomène apparu chez son chat aimé. Dans son ouvrage intitulé *Toi, mon chat* mêlant photographies et dessins de son chat tigré, l'artiste reproduit le fameux sourire du matou. Une page est consacrée aux dessins un peu comme une petite

BD, une autre, en face, montre une photo d'un chat heureux, lèvres retroussées, yeux plissés. Sur la page de gauche, Kwon Yoonjoo a écrit : « Mon chat ne réclame presque jamais à manger. Quand il a faim, il s'assied gentiment à côté de son assiette, puis se contente de me regarder fixement. Avec un grand sourire ! Son attitude est irréprochable. On reconnaît bien là son savoir-faire incomparable. Impossible de l'ignorer. Il sait y faire, mon chat ! La vie, je l'ai déjà dit, n'a pas de secrets pour lui. » De charmants petits dessins montrent le narrateur lisant un livre et sentant un « truc qui [le] pique dans le dos », c'est le regard de son beau minet, bien assis avec sa queue enroulée autour des pattes, son regard fixe et son énigmatique sourire.

Certes, pendant les moments où les chats semblent jouir de la vie, un sourire peut apparaître sur leurs mignons minois. Je me souviens d'une photo de mon chat Manolo lové contre moi. On voit bien son expression souriante, comme s'il était repu de bonheur, au chaud, au calme, aimé.

Mais la preuve ultime que le chat sait sourire, c'est dans *Alice au pays des merveilles* que nous la trouvons. Il a suffi d'une apparition, celle du Cheshire Cat, pour qu'aucun enfant ou adulte ne doute qu'il existe des chats qui sourient. Au début du récit, Alice entre dans la maison d'une femme, la Duchesse, qui allaite un cochon, tel son nourrisson. Près du foyer se trouve un chat qui interpelle la fillette. Celle-ci demande pourquoi ce chat sourit, la Duchesse lui répond simplement : « C'est un chat du comté de Chester [...], voilà pourquoi. » Pour l'explication du sourire, se référer à l'entrée « Angleterre ». Plus tard dans le récit, Alice fera la connaissance de cet étrange matou de façon plus personnelle.

Ce chat souriant n'a pas son pareil pour poser des questions et faire des déductions qui laissent Alice et le lecteur perplexes.

En un mot, il vous tourne en bourrique avec toute la logique du monde, et en restant, bien entendu, souriant. Il disparaît comme un magicien, quand il le souhaite. Ce qui perturbe Alice. À la demande de la petite fille, il accepte de ne pas disparaître trop rapidement, car cela lui « fait tourner la tête ». Lewis Carroll le décrit : « Et cette fois, il disparut très lentement, en commençant par le bout de la queue et en finissant par le sourire, qui resta un bon bout de temps quand tout le reste eut disparu. » Ce qui inspire à Alice cette remarque parfaitement géniale : « Ma parole ! pensa Alice, j'ai souvent vu un chat sans un sourire, mais jamais un sourire sans un chat !... C'est la chose la plus curieuse que j'aie jamais vue de ma vie ! »

Imaginons ce sourire flottant dans l'air telle une apparition divine.

Taine Hippolyte

L'historien, philosophe et critique littéraire Hippolyte Taine (1828-1893) l'affirmait : « J'ai beaucoup étudié les philosophes et les chats. La sagesse des chats est infiniment supérieure. » Et il ne se priva pas de le démontrer dans un texte court et irrésistible nommé *Vie et opinions philosophiques d'un chat.* Voici un chat qui philosophe en toute liberté, et le résultat ne manque pas de sarcasme et d'ironie. Pensant le monde et avant tout les hommes, notre narrateur à moustaches s'exclame : « La musique est un art céleste, il est certain que notre race en a privilège ; elle sort du plus profond de nos entrailles ; les hommes le savent si bien, qu'ils nous les empruntent, quand avec leurs violons ils veulent nous imiter. »

Il se reproduit avec une de ses cousines puis dévore les chatons, discute promptement de la vie avec une oie qui finit occise par l'« oncle », un fermier jouant le rôle de Dieu dans ce petit monde agricole. Au sein de cette cosmogonie, le chat s'en tire très bien : il lape le sang de son amie oie qui venait pourtant de dire que tout était pour le mieux dans le meilleur des mondes avant d'avoir le cou tranché, sommeille l'été près des mares et au coin du feu l'hiver, quémande « flatteusement » son repas dans la cuisine et obtient des plats à lécher, philosophe mieux que toute la création : « Celui qui mange est heureux ; celui qui digère est plus heureux ; celui qui sommeille en digérant est plus heureux encore. Tout le reste n'est que vanité et impatience de l'esprit. » Il n'oublie pas de se lancer quelques fleurs : « Lorsque le favori, et le chef-d'œuvre de la création, est le chat, comment comprendre qu'un animal [le chien] le haïsse [...] ? »

C'est bien un chat qui s'interroge sur le monde, le sien d'abord, mais ensuite l'univers. Grâce à son don d'observation, il déduira que « le monde est un grand œuf brouillé ». Peu de chats ont pénétré si loin la sagesse universelle.

« Téléchat »

Au début des années 80, on a vu apparaître une émission de TV pour enfants assez farfelue. Elle mettait en scène des marionnettes représentant des journalistes télé : un chat charismatique avec un bras/une patte dans le plâtre appelé Groucha et une autruche au décolleté expressif nommée Lola.

Cette série de deux cent trente-quatre épisodes diffusée en 1983 sur Antenne 2 dans l'émission Récré A2 (et auparavant en Belgique dans l'émission « Lollipop » de la RTBF) a été conçue par le Français Roland Topor, immense artiste à la fois écrivain, collaborateur au journal *Hara-Kiri* (ancêtre de *Charlie Hebdo*), illustrateur, chansonnier et metteur en scène, et le réalisateur et scénariste belge Henri Xhonneux.

Chaque épisode de cinq minutes est conçu sur le modèle du journal de 20 heures : les journalistes mènent des enquêtes mais l'originalité de « Téléchat » tient dans les sujets des enquêtes consacrées aux « objets ». Car les objets ont une vie, se meuvent, parlent, éprouvent des émotions. Or nous ne le savions pas. D'ailleurs, les journalistes fêtent chaque jour un objet différent : Albert, le dictionnaire en deux volumes, Bébert le camion, Gisèle la casserole, Jane la tasse de thé anglaise, etc. On interviewe également souvent les « gluons », ces microobjets aussi loquaces que les autres mais dont la nature microscopique évoque les « atomes ». D'autres personnages feront une entrée dans l'émission, comme « Légumes-man », le défenseur des légumes du potager qui bataille contre un avion torpilleur de salades. Tout cela est assez bouffon et très original.

Il n'est pourtant pas sûr que la majorité des enfants ait apprécié le concept surréaliste qui demande du deuxième degré et de la distance mais cette série était à l'opposé des émissions fades, simplistes ou bêtement violentes qui ont aujourd'hui la faveur du petit écran.

La série « Téléchat » connaîtra trois saisons. Dans la deuxième, Groucha est remplacé par un journaliste lapin, Grégoire de la Tour d'ivoire, autrement appelé GTI (cela ne vous rappelle pas un célèbre présentateur de Jité nommé par ses initiales ?), mais à aucun moment le programme ne s'intitulera « Télélapin ». Est-ce une trace de « lapinophobie » ? La présence de GTI ne s'expliquerait que par son lien de parenté avec un responsable de la chaîne… Finalement, « Téléchat » était une émission ironique sur les us et coutumes de la télé, média leader de l'époque, dont la critique était finement menée par Groucha, le séduisant chat noir et blanc, aux mœurs humaines.

Ti-Puss

Ella Maillart (1903-1997) est une des grandes figures parmi les écrivaines-voyageuses. La Suissesse a parcouru l'Asie centrale soviétique, la Chine, l'Inde, l'Iran, le Pakistan. En Inde, elle resta cinq années (1940-1945) pour mener une quête spirituelle auprès des maîtres de sagesse Ramana Maharshi et Atmananda Krishna Menon.

En 1951, elle publie en anglais *Ti-Puss*, du nom de la jeune chatte que Sujata, un de ses maîtres yogis hindous, lui offre au début des années 1940. L'auteur découvre peu à peu la grâce de l'animal et s'attache à ce petit être qu'elle perçoit d'abord comme un nourrisson. Elle l'emmène dans les trains les plus bondés de l'Inde, dans toutes sortes d'habitations, la perdant parfois (ce qui l'affole d'inquiétude, elle qui tente de se détacher des choses du monde comme l'enseigne le bouddhisme), la retrouvant *in extremis*, parfois blessée, au fond d'un jardin. La chatte Ti-Puss deviendra même célèbre, certains diront qu'Ella Maillart « l'a dressée comme un chien » (ce qui est faux mais fait allusion à tous les déplacements qu'elles feront ensemble). Le chat Ti-Puss est presque une légende : « Elle s'est baignée dans le Gange, elle a parcouru l'Inde de part en part. Lorsqu'elle fut présentée au Maharishi, le Sage de Tiruvannamalai lui caressa la tête tandis qu'elle flairait la couche où il restait assis et nu le jour durant. Elle connut aussi le Maître de Trivandrum qui joua à la balle avec elle. Destinée exceptionnelle pour un chat. » Un autre sage, voyant Ti-Puss observer longuement un lézard, dans une immobilité absolue, dit : « Nous avons beaucoup à apprendre d'elle quant à la concentration parfaite. C'est une yogini ! » De fait, il semble que la chatte parle intimement aux maîtres hindous, comme si la sagesse bouddhique ne lui était pas inaccessible : « Cette attente patiente à mes côtés, deux heures durant, ne laissait pas d'être insolite de la part d'un chaton exubérant. Selon le Sage il était bien connu que les animaux aiment la présence d'une spiritualité et les discussions à son sujet car, malgré leur incapacité à raisonner, ils comprennent grâce à ce courant profond qui nous ramène tous au principe ultime. »

Souplesse, patience, immobilité, flexibilité, le chat a été reconnu comme un parfait yogi par les plus grands de cette discipline.

Torture

Le chat a beau être un animal divin, passionnant, admirable, il existe des êtres assez vils pour encourager ou vouloir sa souffrance. Encore aujourd'hui, les faits divers nous rapportent des horreurs : il y a quelques années, on a beaucoup parlé d'un torturé à mort dans le sud de la France. Des pétitions ont circulé pour demander que le coupable soit retrouvé et puni. Que symbolise le chat dans la tête de ceux qui le détestent ? L'être indépendant, l'animal diabolique, la femme ? Se souvenir qu'au Moyen Âge, un proverbe dit : « Il y a toujours une occasion de battre son chat. » De la même façon qu'à la même époque on conseillait aux hommes de battre leur femme…

Qui n'a pas surpris des enfants en train de harceler un animal de compagnie ? Mishima (1925-1970) a écrit un très beau roman, *Le Marin rejeté par la mer*, où il est, entre autres, question de la torture d'un chat. Noboru, un garçon de treize ans, sans père, se livre à un érotisme morbide et voyeur. Il épie sa mère qui se déshabille. Observe par un trou dans un mur sa mère et son amant marin, Ryûji. Admirant cet homme pour son physique viril, le garçon est ensuite déçu par celui qui veut « rejeter la mer » (cesser d'être marin) et épouser sa mère. Pour amadouer Noboru, Ryûji veut agir avec une intelligence qui n'est que douceur. Pour l'adolescent, cette douceur est une faiblesse écœurante.

C'est l'avenir même, les adultes en général, les pères en particulier – ces briseurs de rêve, ces héros déchus – que Noboru et sa bande d'amis vomissent. Quand la croissance équivaut à la putréfaction et que les adultes sont des marins inutiles, des hommes sans autorité, ce monde, déjà vide, s'affaiblit encore. La perte de la foi est cruelle pour celui qui la vit, et le sang apparaît comme la seule façon de purifier un monde sali.

La bande d'adolescents décide de se conditionner à la guerre. C'est à ce moment que le lecteur assiste à une scène de torture où un chat est mis à mort, éventré, éviscéré. Avec quelle poésie Mishima peint ce tableau d'horreur qui mobilise les conceptions philosophiques les plus ambitieuses : l'être et le non-être, l'intérieur et l'extérieur, le vide et le plein, le vivant et le mort. Et de la même façon qu'on composerait un jardin zen, où chaque organe aurait son emplacement, les adolescents répètent l'art de tuer, d'éventrer et de composer une scène d'une beauté perverse.

Les garçons se sont fait la main sur le chat, ils ne comptent pas s'arrêter là. La prochaine victime sera le marin.

Et si les assassins commençaient par tuer des chats avant de s'en prendre aux personnes ?

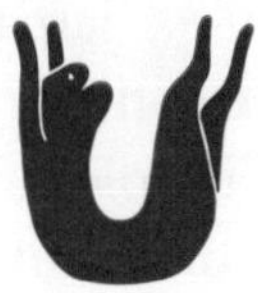

Utopiste

Dans le tempérament bien trempé du chat, une caractéristique émerge de façon étonnante. Défaut ou qualité, qu'importe, c'est difficile à dire. Le chat est *utopiste*. Le Bakounine des animaux estime que sa liberté fait de lui l'international grimpeur de toutes les cimes. Pas un arbre, pas un rideau, pas un toit ne lui résiste. Le monde n'est pas assez haut pour celui qui perçoit son idéal comme accessible et dont la passion le conduit à escalader les Everest de nos cités. Militant de la conquête d'une liberté totale, il ne supporte aucun système de domination : que ce soit les lois humaines ou celles de la gravité. Tout promontoire peut être escaladé dans la joie de la solitude. Un travail en souplesse et des griffes rétractiles permettent ces miracles.

En haut du sommet tant désiré, le chat s'interroge néanmoins sur un sujet plus désagréable : redescendre. Son idéal qui le portait à franchir les points culminants sans douter une seule fois de sa toute-puissance, enivré par le sentiment de vivre l'instant comme une éternité, achoppe sur une question bien déplaisante : comment aborder la descente ? Vu d'en haut, l'arbre ressemble à un poteau raide et glissant. Comment s'y agripper la tête en bas ? Le toit si fascinant avec ses gouttières et ses petites marches en tuiles se transforme en dangereux toboggan si l'on envisage de redescendre. Le rideau ne vous permet aucune escale entre le haut et le bas et un saut d'une hauteur de trois mètres n'est jamais recommandé pour les pattes. Bref, le chat mesure combien l'idéal se dérobe et combien la réalité est amère. L'utopie l'aurait donc fourvoyé ?

Les grands idéologues ont souvent un air ridicule à un moment de leur vie. Le monde ne s'est pas adapté à la rigueur de leurs idées. Les penseurs en restent ébaubis. Leur sentiment de toute-puissance, la force avec laquelle ils agissent dans l'instant leur ont joué des tours. Le destin est ironique et se moque des idéalistes. Voici notre chat accroché à sa branche, à quinze mètres du sol. Toute tentative pour parcourir le chemin inverse lui fait perdre l'équilibre et la peur fait battre son cœur. Humilié, il n'ose plus bouger. Puis il miaule, il appelle à l'aide, il insiste car l'être humain n'a pas souvent la finesse de percevoir le désarroi des bêtes. Enfin, on s'inquiète, on tente d'aller le chercher, on appelle les pompiers, on remue ciel et terre. Le quartier s'est regroupé pour voir la scène et commente la progression des sauveteurs. Le chat a changé de tête, son expression est pleine de honte, sa foi ne l'a pas suivi jusqu'au bout. Mais le chat soupire, comme Oscar Wilde : « Une carte du monde qui ne comprend pas l'utopie n'est pas digne d'un regard, car il laisse de côté le seul pays où l'humanité est toujours d'atterrissage. »

V

Végétarien

En astrologie chinoise, l'année du Chat équivaut à l'année du Lapin. Cette translation a de quoi surprendre. Comment peut-on trouver la moindre équivalence entre des animaux à ce point différents ?

À la réflexion, un autre signe nous interpelle : nos grands-mères n'ont pas manqué de nous raconter des histoires de la dernière guerre, où il était question de chats assassinés et transformés en civet de lapin. Apparemment, les consommateurs n'y voyaient que du feu : même taille, même viande.

Et si le lapin était la version végétarienne du chat ? L'idée est moins absurde qu'on pourrait le croire. Les différences entre les deux espèces seraient celles, non négligeables, qui séparent la proie du prédateur. Les points communs n'en sont pas moins troublants.

Depuis quelques années, je partage ma vie avec des lapins et je vois en eux des chats à grandes oreilles. Même curiosité pour ce qui les entoure, même sens de la possession d'un territoire, même autorité naturelle liée au fait qu'ils ne sont pas nos serviteurs, même insolence. Le chat ronronne et le lapin aussi (en grinçant des dents sous la caresse). Tous deux sont des animaux fertiles et souvent associés à la sexualité dans le langage – *nian-nian suru* en japonais signifie « faire le cri du chat », c'est-à-dire « faire l'amour », sans parler du mot « chat » au féminin qui désigne l'intimité féminine en français comme en anglais, et on n'a pas besoin d'insister sur la renommée du lapin qui a donné le mot lapinisme…

Ajoutons que l'expression populaire « poser un lapin » se traduit en néerlandais par « envoyer son chat ».

Végétarienne ou non, cette bestiole a quelque chose à voir avec les rendez-vous galants, surtout quand on s'y fait piéger.

Vian Boris

En tant qu'amoureux du jazz, Boris Vian ne pouvait qu'aimer les chats noirs dont le nom a désigné, en argot des Noirs, un Noir branché et, depuis les années 20, un jazzman. Dans les textes de Vian, les chats sont pacifiques de nature mais les événements, les rencontres peuvent les faire sortir de leurs gonds. « Au début, le chat n'avait pas envie de se battre, mais toutes les dix minutes, le coq poussait un hurlement strident », écrit-il au début de la nouvelle « Blues pour un chat noir ». Et le chat en question de donner quelques peignées au coq insolent. Il tombe malencontreusement dans une bouche d'égout… et sera sauvé par de braves Amerlos, ces gars qui ont libéré le pays et séduit des Françaises. Quand on le traite de « pauvre bête », le chat s'emporte : « Une bête ! protesta le chat. Parlez pour vous !… » Et c'est vrai qu'il a tout d'un humain, ce chat. D'ailleurs : « Les gens commençaient à comprendre le chat. Ils se faisaient à son accent. » Le chat sorti des égouts est énorme, porte une moustache prussienne et parle l'argot américain sans difficulté, siffle du cognac en racontant ses déboires de soldat, et confie lubriquement qu'il aimerait bien rencontrer « une petite [chatte] tricolore ». Soudain, le félin rend l'âme (a-t-il abusé du cognac ?), tout le monde le pleure et on abandonne son cadavre dans l'égout dont il était sorti. Courte vie d'un charismatique jazzman. Vian, le cardiaque, se reconnaissait-il dans le chat ? Bien possible.

Autre livre, autre chat. Dans *L'Écume des jours*, il n'y a qu'à la toute fin du roman qu'on rencontre un chat. Une fois encore, c'est un être pacifique, qui ne demande rien à personne. Mais une souris dépressive a besoin de son aide pour mettre fin à ses jours. Cette souris a été la compagne des personnages du roman, la proche de Colin, Chloé, Alise et Nicolas. Elle a assisté à tous les épisodes de leurs vies. À l'amour naissant, au bonheur, au mariage de Chloé et Colin, à la maladie de Chloé (atteinte d'un nénuphar dans la poitrine), à sa mort, à la dépression de Colin. Elle est intervenue à plusieurs reprises dans le roman et elle a apporté de la poésie dans ce texte qui n'en manque pas. Mais à la fin de ce remake de *La Dame aux camélias* version vianesque, elle ne veut plus vivre et elle pense que le chat qu'elle croise la tuera sans autre forme de procès. C'est mal connaître ce chat qui n'a pas de nom. Un chat bien nourri, sans aucune volonté de tuer, un chat cool. « Vraiment, dit le chat, ça ne m'intéresse pas énormément. » La souris insiste, précise qu'elle a été bien nourrie toute sa vie (on devine que sa chair est délicieuse). Pourtant non, le chat n'est pas attiré. Elle explique alors qu'elle ne peut pas supporter la peine de Colin qui vient d'enterrer sa bien-aimée. Le chat a bon cœur, dans un mouvement plein d'empathie, il lui dit : « Mets ta tête dans ma gueule [...] et attends. » Il étend ensuite sa queue pour que quelqu'un lui marche dessus et provoque le réflexe fatal dont il ne veut pas être le responsable. Vian ne nous dit rien de la suite, sinon: « Il venait, en chantant, onze petites filles aveugles de l'orphelinat de Jules l'Apostolique. » Les chats, chez Vian, sont vraiment des braves types.

Volupté

Aucun être vivant ne se mesure au chat pour ce qui est de la volupté. Quelle que soit son occupation – ou son oisiveté –, il s'agit d'abord de jouir: son mouvement ondule, son immobilité s'arrondit, sa prédation exulte. Le chat est l'unique espèce qui a inventé un son sans autre signification que le plaisir: le ronronnement, lequel n'est pas son cri, mais son privilège. Il ronronne pour célébrer sa jouissance, ce qui a pour effet de l'augmenter et de la circonscrire: il consent à cette possession.

Sybarite de la sieste, Lucullus de la gamelle, toujours prêt à la caresse, le chat est le champion de la délectation. Un félin frigide est une contradiction dans les termes: l'absolue volupté appartient à son essence.

Peut-être ne faut-il pas chercher d'autres explications à son horreur de l'eau: lui qui se lèche longuement et délicieusement s'offusque qu'on le livre à la brutalité de la douche ou du bain. Pourquoi choisir ces manières de Spartiates quand on peut s'adonner à la douceur de la toilette?

Faire l'amour en présence d'un animal est une expérience amusante: le lapin tape du pied, le chien veut jouer avec vous, l'oiseau observe, le chat, lui, détourne le regard avec mépris, comme Mozart quitte la pièce où s'exercent les violonistes en herbe. Votre amateurisme l'incommode.

Le chat ne suscite pas d'adhésion tiède: on le vénère ou on le hait. Nul doute que son génie du plaisir y contribue: on veut l'imiter ou on le jalouse. Ou encore on trouve que c'est mal. La formule « qui veut tuer son chien l'accuse de la rage » pourrait avoir cet équivalent félin : « Qui veut tuer son chat glorifie l'austérité. »

Regarder un chien qui mange serre un peu le cœur : « Le pauvre, il est si glouton, il n'en aura jamais assez ! » Regarder un chat qui mange inspire la honte : « Pardonnez-moi, Excellence, de ne pas avoir de mets plus délicats à vous offrir. »

W

Wain Louis

Cet artiste anglais né au milieu du XIXe siècle (1860-1939) avait coutume de dessiner des chats aux expressions anthropomorphiques qui évoquent ce qu'on verra des années plus tard dans les cartoons américains. L'œuvre de Louis Wain devait exprimer son univers intérieur – il était schizophrène : on y découvre des scènes champêtres, où des chats farceurs disputent une partie de tennis, là des minets arrangent un bouquet de fleurs ; d'autres dessins montrent les félins en kimono jouant de la musique et dansant, mais on reste éberlué devant ces chats psychédéliques, qu'on dirait électrocutés dans un kaléidoscope, immortalisés dans un flash. Étranges dessins composés de couleurs vives où les greffes ouvrent des yeux comme des billes, ces fameux gros yeux ultraexpressifs qui seront la signature de l'artiste. Le trait de Louis Wain ne manque pas d'humour. Ses greffiers moquent les humains en mimant leurs comportements. Les chats de l'artiste sont là pour débusquer le ridicule qui n'est que le fait des hommes, jamais des bêtes. Certains dessins deviennent des abstractions tant l'artiste étire son sujet dans la minutie la plus personnelle.

On découvrira ses œuvres sur les couvertures des romans de Lilian Jackson Braun (*voir cette entrée*). Ils seront sûrement un argument de vente non négligeable.

Wolverine

L'un des protagonistes des X-Men évoque irrésistiblement le matou ; il possède des griffes rétractables d'une longueur impressionnante et des superpouvoirs.

Wolverine a été traduit en français par le nom Serval, qui est un félin de la sous-famille des félinés – même si l'américanisation accélérée de notre langue fait que ces noms francisés de superhéros ne sont plus guère usités. De fait, le personnage présente un aspect félin.

Cette créature aux origines complexes tient une partie de ses pouvoirs (agilité, odorat, système immunitaire ultra-performant) au fait d'être un mutant et une autre partie à des interventions chirurgicales – squelette indestructible en adamantium, un alliage de métal imaginaire, et griffes tranchantes comme des rasoirs – car on a voulu le transformer en « supersoldat » tout en s'inspirant de l'animal auquel il est censé ressembler, originairement le glouton.

Ce personnage canadien et non américain est l'un des plus importants de Marvel, la principale maison d'édition de *comic books*. Il a inspiré les réalisateurs de cinéma, en particulier James Mangold qui a réalisé *Logan* en 2017.

Parmi les personnages des X-Men, c'est un protagoniste en marge, solitaire, plus âgé et également plus violent que les autres. Un mystère l'entoure qui n'est pas sans rappeler les caractéristiques félines.

Ainsi, bien que ce personnage ne soit pas un félin à l'origine puisque son nom fait référence au glouton ou carcajou, sa qualité féline est apparue dans la version française, où il porte le nom de Serval. On peut très bien être un chat de façon temporaire.

Xénophobie

J'ai découvert la bande dessinée *Maus* il y a peu. J'en connaissais le thème et je visualisais la couverture comme à peu près tout le monde. Évidemment, *a priori* je ne pouvais pas approuver la métamorphose des nazis en chats. Les chats auraient-ils un lien avec la xénophobie ? Allons bon. Était-ce la raison pour laquelle j'en avais retardé la lecture ? C'est possible.

Le thème de *Maus* est la transmission de la Shoah. Le New-Yorkais Art Spiegelman, né à Stockholm en 1948, interroge son père, Vladek, rescapé des camps, pour connaître l'histoire de sa famille dont la plupart des membres ont été assassinés par les nazis parce que Juifs. Ces discussions se déroulent entre 1978 et 1982. À cette date, le père d'Art est un petit vieux radin et atrabilaire remarié après le suicide de la mère d'Art en 1968 – « sans même laisser de lettre », déplore Vladek.

Le père relate progressivement à son fils, dessinateur de trente ans reconnu, la montée de l'antisémitisme débridé en Pologne. Juste avant la guerre, Vladek est un modeste couturier polonais qui épouse Anja, la fille d'un industriel.

Dans cette histoire, les personnages juifs sont représentés par des souris – on se souvient que Hitler traitait les Juifs de vermine, désignation qui mène logiquement à l'idée d'éradication –, les Allemands par des chats. Pour compléter son bestiaire, Art Spiegelman dessine les Polonais non juifs en cochons, puis, plus tard dans le récit, les Américains seront figurés par des chiens et les Français par des grenouilles (évidemment)…

Parmi les fléaux déclarés dangereux pour le peuple allemand, la propagande nazie désignait « les rats, la peste et les Juifs ». Art Spiegelman s'empare de cette image (*Maus* veut dire « souris » en allemand) et livre le récit de son père dans un dessin noir, précis, une technique postmoderne qui magnétise le lecteur sans le divertir.

Le premier tome de *Maus* raconte la vie de son père Vladek dans la ville de Częstochowa, en Pologne, jusqu'à son arrestation alors qu'il tentait de rejoindre la Hongrie, prétendument moins dangereuse pour les Juifs (il n'en était rien) et sa déportation à Auschwitz avec sa femme dont il sera séparé dès leur arrivée.

Le deuxième tome donne à voir l'enfer vécu par Vladek dans le camp de travail d'Auschwitz où il fait tous les métiers manuels possibles en évitant de se faire tuer par les nazis-chats, véritables sadiques, et en tentant de trouver de la nourriture par le troc et la débrouillardise.

Harcelés par leurs bourreaux, les prisonniers sont sélectionnés chaque jour pour le travail ou la chambre à gaz. Vladek était heureusement un homme solide, doué d'une certaine roublardise. Il a eu la chance de s'en sortir. (Son fils qui l'interroge se demandera s'il s'en est *vraiment* sorti quand sa vie de vieillard ne consiste qu'à surveiller la moindre dépense de sa nouvelle femme et à tenter d'obtenir des biens gratuits.)

Anja, elle, est prisonnière à Auschwitz-Birkenau, entassée avec d'autres dans un de ces baraquements où pullulent les poux et où se répand le typhus. Harcelée, elle trouve néanmoins une protectrice à qui elle doit sa survie.

Le couple se retrouve à la fin de la guerre et part d'abord pour la Suède où naît leur deuxième fils, Art (le premier, Richieu, étant tragiquement mort pendant la guerre), puis ils s'installent aux États-Unis.

La logique de cet ouvrage tient dans la métaphore antisémite de l'époque. Si les Juifs sont des rats/souris, les bourreaux-nazis sont inévitablement des chats. Ma tendresse pour le petit greffier explique ce qui m'avait fait hésiter inconsciemment à la lecture de ce chef-d'œuvre (publié en 1986 et 1991). Que les amoureux des chats se rassurent, aucun animal n'est visé par le génie d'Art Spiegelman. La monstruosité demeure une invention humaine.

Cette œuvre reste un des témoignages les plus forts et les plus complets sur le sort des Juifs en Europe pendant les années 1930 à 1940.

Yoga

Catus est un maître yogi de naissance. Doté d'une souplesse peu commune, le félin n'a pas besoin d'apprentissage pour exécuter les positions les plus étonnantes de cette activité philosophique.

Observez un chat assis. Droit, la queue soigneusement rangée autour des pattes, l'animal connaît parfaitement l'équilibre de son corps ; durant ces moments où il semble observer le silence, on jurerait qu'il médite. Capable de se détendre et de s'étirer de la façon la plus impressionnante, le chat ne peut qu'inspirer tout yogi ou apprenti yogi. Le greffe serait-il à l'origine de cette pratique indienne ? Il n'y aurait rien d'étonnant à découvrir qu'une technique vieille de cinq mille ans ait été inspirée par un animal déjà domestiqué. Une posture porte le nom de « posture du chat ». Elle consiste à étirer sa colonne en « faisant le gros dos » et à inverser la posture, à tendre le cou et à creuser la colonne. Un exercice excellent pour le mât du corps, la colonne.

Cette discipline s'allie si bien au chat que les yogis trouvent naturel de la pratiquer en présence de leur greffier. Aucune présence n'est aussi opportune que celle de ce petit gymnaste à fourrure. Il embrasse parfaitement l'esprit du yoga. Détente, étirement, méditation, silence, il en est l'expert.

Les Américains ont eu l'idée de donner des cours de yoga en invitant des chats pendant les séances. Le « cat yoga » a lieu au sein du Meow Parlour, un café des chats (*voir cette entrée*) new-yorkais. Des chats issus de refuges se baladent tranquillement entre les yogis, s'installent sur les tapis en mousse, sautent sur les jambes ou les dos des participants… Le but est de pratiquer cette discipline avec la décontraction d'un félin, mais aussi de permettre à des personnes de faire connaissance avec un animal qu'ils pourront adopter – la visite des refuges peut se révéler être éprouvante.

Yoonjoo Kwon

Cette artiste sud-coréenne aujourd'hui expatriée à New York est l'auteur d'un livre qui a connu un beau succès : *Toi, mon chat*, publié en Corée en 2005 et en France en 2006 chez Zulma. Kwon Yoonjoo a dessiné et photographié son chat, un mignon petit gouttière, pour offrir aux lecteurs un récit parcellaire, intime, parfois drôle de son quotidien avec celui qu'elle appelle simplement « mon chat ».

Plusieurs saynètes racontent les échanges entre le narrateur – car les dessins représentent le propriétaire comme masculin – et son greffier. Ce dernier, digne en toutes occasions même quand il vient de boire et que des gouttelettes d'eau ornent son menton, expressif avec retenue quand il fixe l'humain qui vient de lui donner sa nourriture et que, sagement assis, il « sourit » pour recevoir une nouvelle ration, suscite attendrissement et admiration. On découvre des moments d'amour : le propriétaire du gouttière est en extase quand il peut poser sa tête près du ventre de son matou – ce que les chats tolèrent rarement –, des « scènes de ménage » comme lorsque son chat rouspète contre le bipède qui tarde à le nourrir, des parenthèses complètement félines avec l'arrivée d'une jolie chatte qui deviendra la fiancée de la star du livre... Beaucoup de charme dans cet ouvrage qui est une déclaration d'amour illustrée à un spécimen félin des plus séduisants.

Ypres

Au XVe siècle, dans la ville belge d'Ypres, une tradition épouvantable consistait à jeter des chats vivants du haut de la tour. Cette ville de drapiers avait accueilli les chats dans un premier temps – ceux-ci les débarrassant des rats qui ruinaient leurs commerces –, mais constatant qu'ils se reproduisaient aussi vite que des rongeurs, les bonnes gens s'acharnèrent sur eux. Cette cérémonie exécutée par un fou est devenue célèbre mais ne doit pas nous faire oublier que des sacrifices étaient aussi pratiqués ailleurs en Europe, par exemple lors de la Saint-Jean à Metz où des chats étaient brûlés vifs. Ces feux de joie sanglants constituaient un divertissement pour le peuple. En Allemagne et en Angleterre, les chats n'étaient pas brûlés mais noyés.

Ainsi, chaque mercredi des Cendres, les petits boucs émissaires étaient lâchés du haut du beffroi de la ville flamande, déchaînant les applaudissements et les cris de joie. Une immolation dont la symbolique serait l'expulsion du « mal » – les chats représentant le mal, évidemment. Ces pratiques eurent cours jusqu'en 1817...

On peut lire des reportages sur ces « fêtes » yproises. L'une d'elles s'appelait la « Foire aux chats » et rassemblait des

« divertissements » particulièrement recherchés dans la cruauté. Cette fête avait encore lieu jusqu'au milieu du XIXe siècle et attirait un monde fou sur la Grand-Place. Toutes les classes sociales étaient présentes.

Le jour de la foire, les cloches de la ville annonçaient les festivités.

On avait tendu d'une maison à l'autre des cordes qui traversaient la place d'Armes à une certaine hauteur, sur lesquelles et on enfilait des pots de terre contenant un chat et ligotés par des rubans de toutes les couleurs, les faveurs. Le « jeu » consistait pour les jouteurs montés sur de petits chars à briser d'un coup de poing le pot. Le chat restait attaché à la corde par les faveurs, que les participants tentaient d'arracher, au risque de redoutables coups de griffe. Quand tous les rubans étaient arrachés, on coupait les cordes et les chats tombaient au sol. Ils étaient alors la proie des mioches qui s'acharnaient sur les pauvres diables. On assistait à une véritable curée. Ceux qui avaient remporté le plus de faveurs recevaient un prix et de l'argent. Tout cela se finissait en beuverie.

Cette « fête », particulièrement populaire dans toute la région, attirait les habitants de tous les villages environnants.

Yulin

En Chine, chaque année depuis 2010, pour fêter le solstice d'été, environ cinq mille chats et quinze mille chiens sont tués pour la consommation humaine. Cette fête morbide a lieu dans la ville de Yulin (sud de la Chine) qui souhaitait se faire connaître. C'est chose faite. Les organisations de protection des animaux sont scandalisées et tentent de faire cesser ce « festival de la maltraitance ».

Selon une tradition ancienne, manger de la viande de chien et de chat aurait des vertus médicinales. (On se demande bien lesquelles.)

Les chiens et chats sont capturés dans la rue et volés à leurs propriétaires pour être enfermés dans des cages exiguës. Ils se retrouvent entassés, agglutinés au point que parfois leurs os se brisent et que, privés de nourriture et d'eau, ils soient si malades qu'ils meurent avant qu'on les tue. L'abattage est également d'une grande cruauté puisqu'il a lieu devant les autres animaux qui « attendent leur tour » et comprennent qu'ils seront les suivants. Certains sont battus à mort, d'autres ébouillantés vivants ou brûlés vifs au lance-flammes. Un dicton chinois affirme que plus la « viande » souffre, plus elle sera savoureuse…

Les bêtes seront vendues sur les étals ou « servies » dans les restaurants de Yulin.

Plusieurs associations internationales tentent de faire cesser le massacre. On assiste aussi à des initiatives personnelles comme celle de cette femme, ancienne institutrice chinoise, qui a parcouru deux mille cinq cents kilomètres pour secourir cent chiens qu'elle dut payer mille euros.

Si ces viandes de chats et de chiens ne sont pas illégales en Chine, elles sont heureusement de plus en plus minoritaires. Beaucoup de Chinois eux-mêmes se détournent d'un tel commerce même si les chiffres restent terriblement élevés : on parle de dix à vingt millions de canidés tués chaque année en Chine pour leur viande. Je ne connais pas le chiffre des chats mais, à partir d'un certain nombre de zéros, le cerveau collapse.

Cette entrée a été particulièrement éprouvante à écrire. Je connais l'argument qui consiste à dire : on mange bien des cochons et des veaux, et que dire des doux agneaux à qui on retire brutalement la vie pour notre simple « plaisir gustatif ». Alors pourquoi pas des chiens et des chats ? Et je suis d'accord avec cet argument – raison pour laquelle je ne consomme simplement plus aucune viande. Mais ce « festival de Yulin » va à l'encontre de toute dignité. À tous les échelons, on y rencontre la maltraitance, le mépris du vivant, la cruauté – torturer l'animal avant sa mise à mort.

L'être humain se révèle monstrueux et vénal sur toute la ligne. Je salue les Chinois qui s'opposent à cette fête de la douleur et du sang.

Zizanie

Rien de tel qu'un chat pour semer la zizanie dans un couple. Sitôt arrivé, il crée une rivalité car il est inévitable qu'un des conjoints s'attachera davantage au matou. Un animal aussi déterminé que *catus* n'a pas l'intention de se satisfaire d'un second rôle. C'est ainsi que monsieur ou madame refusera de sortir le soir où le minet de la maison ne semble pas dans son assiette. Cette décision ne sera pas forcément appréciée par tout le monde. Un chat bouleverse la vie d'un foyer. Sans que vous vous en doutiez le moins du monde, *catus* vous adopte, et non le contraire, puis décide de s'installer au centre du lit. Vous verrez qu'il est difficile de se décider à le déplacer, il a l'air si heureux, il récupère de sa dure journée. Votre vie de couple est-elle la même depuis qu'il est là ? Relisons *La Chatte* de Colette (*voir cette entrée*)… Et si votre rival n'était pas un humain, mais un quadrupède ronronnant ? Le combat paraît déloyal, pourtant il est une réalité plus qu'on ne le croit.

Semer la zizanie est le propre du chat, animal antigrégaire. Même s'il parvient à accepter des règles de vie en commun avec d'autres animaux et quelques humains, il est infiniment doué pour causer la discorde. C'est un comportement typique des anarchistes et plus précisément des fouriéristes – et l'on a vu à quel point le chat adhère implicitement à ce courant de pensée dans l'entrée « Politique » de ce livre.

D'ailleurs, beaucoup d'auteurs de bandes dessinées le représentent fauteur de trouble. Regardez Hercule, le chat noir et blanc, rival de Pif le chien dans la BD de José Cabrero Arnal. Hercule était toujours le mauvais sujet, celui par qui la catastrophe arrive. Lectrice de *Pif Gadget* quand j'étais enfant (privilège des enfants de communistes), je me ruais sur les pages consacrées à Pif en regrettant toujours de voir le pauvre chat maltraité par l'auteur. Le chat dégage toujours quelque chose de diabolique quand le chien bénéficie d'un *a priori* de « fidélité ». Le chien a le rôle du boy-scout, tandis que le chat accepte de devenir le nécessaire perturbateur d'un monde sans lui trop lisse. C'est aussi pour cette raison qu'on le préfère si souvent au canidé.

Zola Émile

Dans une nouvelle intitulée « Le Paradis des chats », Zola (1840-1902) raconte l'histoire d'un angora gâté par sa maîtresse (« gras à [s']en écœurer [soi-]même », s'ennuyant « à être heureux ») qui se met à rêver à l'aventure sur les toits de Paris. Fantasmant le bonheur des chats de gouttière qui sont libres et se battent « avec des jurements de joie », notre chat profite d'une fenêtre ouverte pour s'enfuir et vivre la grande vie, la vie des rues. Vient alors un moment de joie extrême et de peur enivrante. La vue des toits est sublime, on croise des matous de mauvais genre mais aussi d'appétissantes chattes. Hélas, quand la faim s'éveille, la virée devient moins drôle. Un chat de gouttière mange ce qu'il trouve. Après s'être pris un coup de balai en essayant de voler le steak d'une ouvrière qui avait laissé sa fenêtre ouverte, le chat de luxe s'avoue, consterné : « Jamais je ne pus comprendre que la viande des cuisines n'appartînt pas aux chats. » Le matou des rues qui l'accompagne et veut bien lui enseigner la vie des chats de gouttière le met en garde : pour un chat, la rue consiste à attendre la nuit afin de trouver quelque chose à manger, ou à être mangé par un de ces types circulant avec hotte et crochets. Il doit alors se satisfaire de quelques os trouvés dans les poubelles et supporter la pluie qui finit de le démoraliser. Raccompagné chez lui par le matou plein de dédain pour ses fragilités de chat bourgeois, il a droit à un sermon qu'un anarchiste ne renierait pas : « Votre vie plantureuse est bonne pour les chats bâtards. Les chats libres n'accepteront jamais au prix d'une prison votre mou et vos coussins de plume… Adieu. » Le narrateur chat est frappé pour avoir fui, mais tout de suite après se jette sur son mou et son coussin. Et de déduire que l'aliénation par le confort est le « paradis ». Zola traite de politique même dans une nouvelle où il est question de chats et livre une version féline des classes sociales et de leurs aspirations différentes.

On trouvera des chats dans les Rougon-Macquart, *La Joie de vivre*, *La Faute de l'abbé Mouret*, *Le Ventre de Paris* où la petite Pauline, fille de la charcutière, tient dans ses bras et serre contre elle un énorme chat jaune appelé Mouton, qui s'abandonne d'aise, « les pattes pendantes ».

Zola recourt aussi beaucoup au chat comme métaphore : tel personnage de curé dans *Germinal* qui retrousse sa soutane en marchant avec des délicatesses de « chat bien nourri », ou telles femmes comparées à des chattes pour leur sensualité et la fascination qu'elles suscitent (et dont elles seront souvent victimes). Il ne sera ni le premier ni le dernier auteur à user de ce genre de comparaisons. Dans *Madame Naigeon* : « À certains mouvements des épaules, son corsage décolleté en carré bâillait légèrement par-derrière, et je suivais, de son cou à sa taille, une ondulation souple de chatte. »

Au-delà des chats, ce sont les animaux dans leur ensemble qui ne laissent pas Zola indifférent, lui qui écrit dans *Nouvelle campagne* : « Pourquoi la souffrance d'une bête me bouleverse-t-elle ainsi ? Pourquoi ne puis-je supporter qu'une bête souffre, au point de me relever la nuit, l'hiver, pour m'assurer que mon chat a bien sa tasse d'eau ? Pourquoi toutes les bêtes de la création sont-elles mes petites parentes, pourquoi leur idée seule m'emplit-elle de miséricorde, de tolérance et de tendresse ? » Une compassion exemplaire.

Remerciements

Je remercie chaleureusement pour leur aide et leur soutien : Dominique Le Brun, Samuel Dock et Mika, Alexandre Burg, Jérémy Fel, Frédéric Moulin et Nathalie Perrony, Boll, Momo Fuente, Pascal Bertrand, Léo Scheer, Niki.

Et les éditeurs Michel Goujon et Philippe Rey pour leur lecture attentive.

Bibliographie sélective

Aymé Marcel, *Les Contes du chat perché*, Paris, Gallimard, 2017 [1969].

Balthus et Rilke Rainer Maria, *Mitsou, histoire d'un chat*, Paris, Rivages Poche, 2007.

Balzac Honoré de, *Peines de cœur d'une chatte anglaise*, Paris, Garnier-Flammarion, 1999 [1840].

Baudelaire Charles, *Les Fleurs du mal*, Paris, Garnier-Flammarion, 2014 [1857].

Bienfait Bérangère, Bulard-Cordeau Brigitte et Parent Valérie, *Dictionnaire des chats illustres*, Paris, Honoré Champion, 2014.

Bobis Laurence, *Les Neuf Vies du chat*, Paris, Gallimard, 1991.

Boulgakov Mikhaïl, *Le Maître et Marguerite* (traduction de Claude Ligny), Paris, Robert Laffont, 1968 [1967].

Burroughs William S., *Entre chats* (traduction de Gérard-Georges Lemaire), Paris, Christian Bourgois, 2009 [1986].

Carroll Lewis, *Alice au pays des merveilles* (traduction de Jacques Papy), Paris, Gallimard, 2009 [1865].

Colette, *Dialogues de bêtes*, Paris, Gallimard, 1975 [1905].

Colette, *La Chatte*, Paris, Grasset, 1933 ; Le Livre de Poche, 1971.

Delay Nelly, *Le Paradis des chats*, Arles, Philippe Picquier, 2017 [1999].

Derex Jean-Michel et Masson Clément, *La Véritable Histoire de Simon, héros de la mer de Chine*, Paris, Éditions Pierre de Taillac, 2018.

Duperey Anny, *Le Poil et la Plume*, Paris, Le Seuil, 2011.

Eliot T. S., *Old Possum's Book of Practical Cats*, Londres, Faber and Faber, 1939.

Gougeaud-Arnaudeau Simone, *Le Chat d'Émile Zola*, Grandvilliers, La Tour verte, 2016.

Highsmith Patricia, *Des chats et des hommes* (traduction de Ronald Blunden), Paris, Calmann-Lévy, 2007 ; Le Livre de Poche, 2009.

Hoffmann E. T. A., *Le Chat Murr* (traduction d'Albert Béguin), Paris, Gallimard, 1980 [1943].

Hue Jean-Louis, *Le Chat dans tous ses états*, Paris, Grasset, 1982 ; Le Livre de Poche, 2000.

Jackson Braun Lilian, *Le Chat qui lisait à l'envers* (traduction de Marie-Louise Navarro), Paris, Éditions 10/18, 2012 [1966].

Jackson Braun Lilian, *Le Chat qui jouait aux dominos* (traduction de Marie-Louise Navarro), Paris, Éditions 10/18, 2014 [1994].

Lessing Doris, *Les Chats en particulier* (traduction de Marianne Véron), Paris, Albin Michel, 1984 ; Le Livre de Poche 1986 [1967].

Molière, *L'École des femmes*, Paris, Bordas, 2003 [1663].

Montherlant Henry de, *Les Célibataires*, Paris, Grasset, 1934 ; Gallimard 1972.

PARADIS DE MONCRIF François-Augustin, *Histoire des chats*, Rennes, La Part Commune, 1999 [1727].

PERRAULT Charles, *Le Chat botté*, Paris, Gründ, 2000 [1697].

POE Edgar Allan, « Le Chat noir », in *Nouvelles histoires extraordinaires* (traduction de Charles Beaudelaire), Paris, Gallimard, 1976 [1843].

RAMBAUD Patrick, *Le Chat botté*, Paris, Grasset, 2006 [1989].

SEMENUIK Nathalie, *Chat noir*, Paris, Rustica, 2014.

SHINBÔ Minami, *Haïkus du chat*, Arles, Philippe Picquier Poche, 2017 [2015].

SÔSEKI Natsume, *Je suis un chat* (traduction de Jean Cholley), Paris, Gallimard/Unesco, 1986 [1905].

TAINE Hippolyte, *Vies et opinions philosophiques d'un chat*, Paris, Rivages, 2008 ; Rivages Poche, 2014 [1860].

VIAN Boris, *Blues pour un chat noir*, Paris, Le Livre de Poche, 2002 [1949].

VIAN Boris, *L'Écume des jours*, Paris, Gallimard, 1947 ; Le Livre de Poche, 2016.

VITOUX Frédéric, *Bébert, le chat de Louis-Ferdinand Céline*, Paris, Grasset, 1976.

VITOUX Frédéric, *Dictionnaire amoureux des chats*, Paris, Plon/Fayard, 2008.

YOONJOO Kwon, *Toi, mon chat* (traduction de Mi-Kyong Choi et de Jean-Noël Juttet), Paris, Zulma, 2006.

Table

Cet ouvrage a été achevé d'imprimer sur Roto-Page
en septembre 2018
par l'Imprimerie Floch à Mayenne

N° d'imprimeur : 93137
Dépôt légal : octobre 2018
ISBN : 978-2-84876-703-1
Imprimé en France